ESSENTIAL ELEMENTS
POUR LA GUITARE

MÉTHODE DE GUITARE COMPLÈTE

WILL SCHMID　　　**BOB MORRIS**

Apprendre à jouer la guitare vous apportera des années de plaisir. La guitare peut ê_____ genres musicaux les plus variés : rock, jazz, country, blues, folk, classique, etc. Utilisée _____ musiciens, la guitare est un instrument que beaucoup utilisent pour s'accompagner au_____ _____ _____ _____tre est-ce votre cas, pour composer leurs propres morceaux. Amusez-vous et surtout, exercez-vo_____ _____que possible.

—*Will Schmid et Bob Morris*

Les origines anciennes de la guitare se situent au Proche-Orient. Des illustrations babyloniennes et égyptiennes montrent des instruments à cordes et à manche ressemblant à la guitare. Les ancêtres de la guitare moderne ont été introduits en Espagne par les Maures (musulmans d'origine arabe et nord-africaine) entre les VIIIème et XVème siècles. D'autres instruments apparentés à la guitare apparaissent à la même époque dans d'autres pays (la *pipa* en Chine, la *biva* au Japon, le *sitar* en Inde et la *balalaïka* en Russie). Dans l'Espagne du XVIème siècle, les deux instruments à cordes pincées les plus prisés sont la *vihuela* (qui était munie de six cordes doubles à boyau et de 12 frettes) et le luth (le grand favori en forme de poire). Vers la fin de la période baroque (1600–1750), la guitare devient l'instrument à six cordes que l'on connaît aujourd'hui, mais possède de plus petites dimensions et une caisse plus étroite. Durant les cent années qui suivent, des compositeurs et musiciens tels que Sor, Guilliani, Carcassi et Carulli écrivent des méthodes et solos pour l'instrument. Le virtuose du violon Paganini était aussi un guitariste accompli. Vers 1850, Antonio de Torres remanie les lignes et la construction de la guitare classique ; ses modèles sont encore utilisés de nos jours.

Aux États-Unis, trois entreprises, Martin, Gibson et Fender, sont les fers de lance du développement des guitares électriques et munies de cordes en acier. Célèbre pour ses guitares à cordes en acier dreadnought (1931), C.F. Martin & Co. a été établie en 1833 à New York avant de s'installer peu de temps après à Nazareth, en Pennsylvanie. Gibson Guitars, connue pour ses modèles archtop, percés d'ouïes en f et pour ses guitares électriques Les Paul, a vu le jour dans les années 1880 à Kalamazoo, dans le Michigan. C'est pour Gibson que Lloyd Loar a commencé à essayer les micros électriques présents dans les guitares à corps creux dès les années 1920. En 1951, Leo Fender invente la première guitare électrique à caisse pleine, ou solid-body, qui deviendra plus tard la Fender Telecaster®, suivie peu après de la basse électrique. Aujourd'hui, un grand nombre de fabricants proposent de nouveaux types de guitares tels que les modèles électro-acoustiques, MIDI et Silent Guitar® à la caisse profilée, utilisés conjointement avec des amplificateurs et des accessoires à effets spéciaux.

HISTOIRE DE LA GUITARE

ISBN 978-1-4584-2073-2

HAL•LEONARD®
CORPORATION
7777 W. BLUEMOUND RD. P.O. BOX 13819 MILWAUKEE, WI 53213

PREMIERS PAS

Position de repos

Il est important de vous assurer que la guitare n'émet aucun son lorsque l'instructeur s'adresse à la classe.

Suivez les instructions ci-dessous dès que vous êtes invité à vous mettre en position de repos.

- Posez la guitare à plat sur vos genoux, cordes vers le bas.
- Posez les mains sur le dos de la guitare.
- Attendez, en silence et sans bouger, que l'instructeur vous demande de passer en position de jeu.

Position de jeu

Il y a plusieurs manières de tenir confortablement sa guitare. Deux positions assises classiques sont illustrées ici. Suivez les recommandations générales ci-dessous pour trouver votre position de jeu.

- Positionnez votre corps, vos bras et vos jambes de telle sorte à éviter les tensions.
- Si vous ressentez des tensions en jouant, vous devez sans doute corriger votre position.
- Inclinez le manche de votre guitare légèrement vers le haut, jamais vers le bas.
- Évitez de positionner en biais le haut de la guitare pour mieux voir. Répartissez votre poids uniformément de gauche à droite. Tenez-vous droit (mais sans être raide).

MORCEAU 1

Accordage

L'accordage consiste à régler chaque corde sur la bonne hauteur tonale (son aigu ou grave). Pour accorder votre guitare, vous devez ajuster la hauteur tonale de chaque corde en faisant tourner les mécaniques correspondantes sur la tête de l'instrument. Plus une corde est tendue, plus sa hauteur tonale augmente et inversement.

Les cordes sont numérotées de 1 à 6 en commençant par la plus fine (la plus proche du genou). Accordez chaque corde dans l'ordre, en commençant par la première, en écoutant la hauteur tonale voulue sur le CD (Morceau 1) et en faisant tourner lentement la mécanique jusqu'à ce que le son produit par la corde corresponde à celui entendu sur le CD. Pour en savoir plus sur les autres méthodes d'accordage, allez page 92.

VOTRE GUITARE

Ce guide est conçu pour être utilisé avec n'importe quel type de guitare, acoustique ou électrique, que vous pouvez adapter pour jouer des styles musicaux en tous genres. Prenez le temps de vous familiariser avec les différents composants de votre guitare, illustrés sur cette page.

ACOUSTIQUE
Cordes en acier

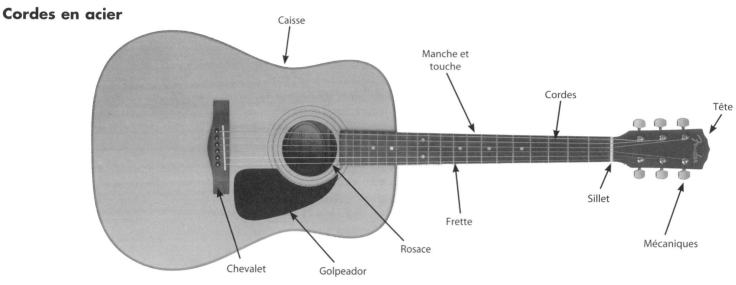

Cordes en nylon (classique)

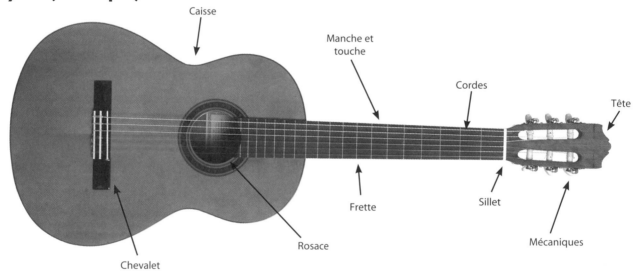

ÉLECTRIQUE

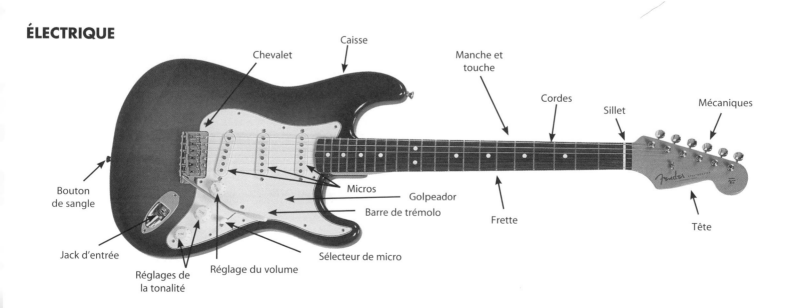

JEU D'ACCORDS

Position de la main gauche

Les doigts de la main gauche sont numérotés de 1 à 4. (Pianistes : notez que le pouce ne correspond **pas** au numéro 1.) Placez le pouce en dessous du manche de la guitare et arrondissez les doigts au-dessus du manche. Le pouce doit être approximativement en face du deuxième doigt. Évitez de toucher le manche de la guitare avec la paume de la main.

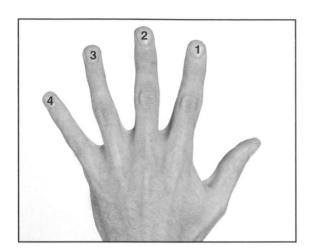

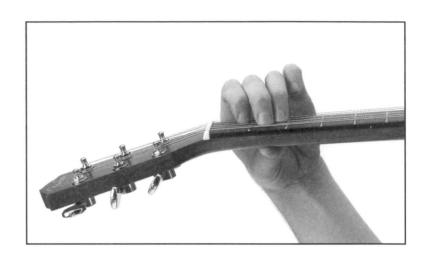

Position de la main droite

En jouant, vous battrez les cordes avec le pouce ou à l'aide d'un médiator que vous tiendrez dans la main droite entre le pouce et l'index.

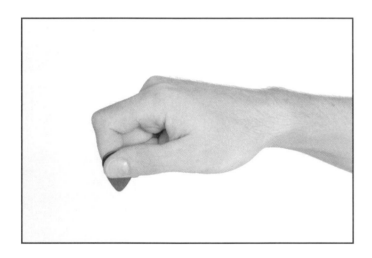

Accords et diagramme d'accords

Un accord consiste à jouer simultanément trois cordes ou plus. Vous apprendrez en premier les accords de Do (C) et de Sol7 (G7). Commencez par consulter le diagramme d'accords ci-dessous pour comprendre comment jouer ces accords. Un « O » au-dessus d'une corde indique que celle-ci sera jouée « à vide», c'est-à-dire sans poser de doigt dessus. Un « X » indique que la corde ne doit pas être jouée. Mémorisez les sections du diagramme d'accords constituées des numéros de cordes et des noms de notes.

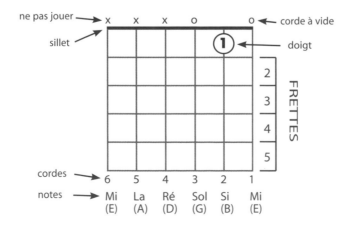

JEU D'ACCORDS

Aidez-vous des photos et diagrammes ci-dessous pour commencer à jouer des accords. Appuyez sur la corde indiquée avec la pointe du 1er doigt. Arrondissez votre doigt de manière à ne pas toucher les cordes à jouer à vide. À l'aide du médiator que vous tenez de la main droite au-dessus de la rosace, grattez les cordes 3 à 1 de haut en bas. Vous pouvez aussi gratter les cordes avec le pouce. Vous trouverez la version intégrale des accords de Do (C) et de Sol7 (G7), pages 23 et 25, respectivement.

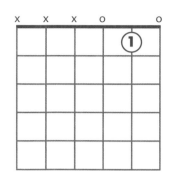

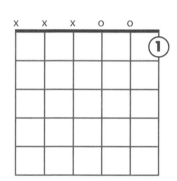

INITIATION AU BATTEMENT 1

Lorsque les accords sont utilisés en accompagnement au chant, ils doivent être joués en battement d'un mouvement constant et régulier. Entraînez-vous aux exercices suivants en grattant une fois à chaque barre oblique (✗) et en changeant d'accord lorsque la notation au-dessus des barres obliques vous y invite. Répétez plusieurs fois les motifs tout en vous appliquant à jouer les accords clairement et à intervalles réguliers.

1. A PERFECT PAIR

Do (C)   **Sol7 (G7)**

✗ ✗ ✗ ✗ ✗ ✗ ✗ ✗   ✗ ✗ ✗ ✗ ✗ ✗ ✗ ✗

2. ROLLING ALONG

Do (C)   **Sol7 (G7)**   **Do (C)**   **Sol7 (G7)**   **Do (C)**

✗ ✗ ✗ ✗   ✗ ✗ ✗ ✗   ✗ ✗ ✗ ✗   ✗ ✗ ✗ ✗   ✗

JEU D'ACCORDS

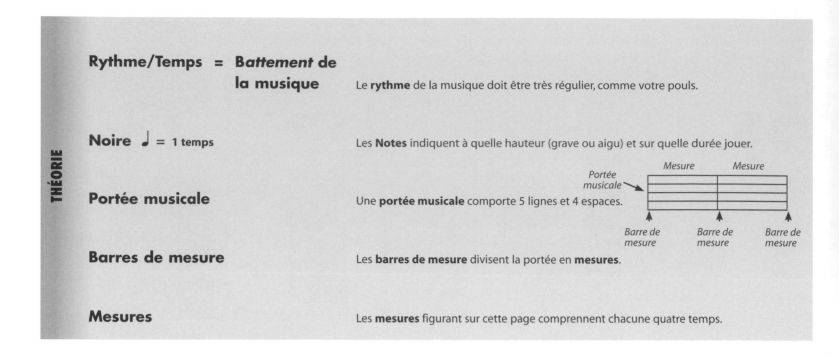

THÉORIE

Rythme/Temps = B*attement* **de la musique**

Le **rythme** de la musique doit être très régulier, comme votre pouls.

Noire ♩ = 1 temps

Les **Notes** indiquent à quelle hauteur (grave ou aigu) et sur quelle durée jouer.

Portée musicale

Une **portée musicale** comporte 5 lignes et 4 espaces.

Barres de mesure

Les **barres de mesure** divisent la portée en **mesures**.

Mesures

Les **mesures** figurant sur cette page comprennent chacune quatre temps.

Essayons maintenant de jouer l'accord de Do (C) en battement et en chantant. La première fois, l'instructeur doit chanter toute la mélodie devant la classe puis inviter les élèves à le suivre. Jouez l'accord en battement en suivant les barres obliques indiquées au-dessus de la portée. Lisez la partition de gauche à droite, comme vous liriez un livre. Ne vous souciez pas des symboles musicaux que vous ne connaissez pas et contentez-vous pour le moment de chanter avec votre instructeur. Vous apprendrez bientôt la signification de ces symboles.

3. ARE YOU STRUMMING ?

Do (C)

Are you strum-ming? Are you strum-ming? Yes I am. Yes I am.

I am a gui-tar-ist. I am a gui-tar-ist. Watch me jam. Watch me jam.

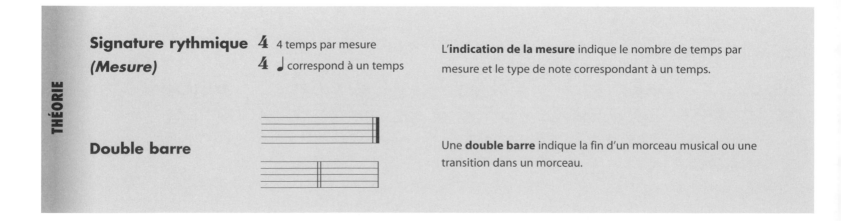

THÉORIE

Signature rythmique (Mesure)

4 — 4 temps par mesure
4 — ♩ correspond à un temps

L'**indication de la mesure** indique le nombre de temps par mesure et le type de note correspondant à un temps.

Double barre

Une **double barre** indique la fin d'un morceau musical ou une transition dans un morceau.

JEU D'ACCORDS

Essayons maintenant de jouer en battement et de chanter deux chansons.

MORCEAU 2 *Lorsque vous jouez en écoutant le CD, aidez-vous des clics au début de chaque chanson pour sentir le rythme.*

4. HE'S GOT THE WHOLE WORLD IN HIS HANDS

He's got the whole world— in His hands,— He's got the
whole world— in His hands,— He's got the whole world—
in His hands,— He's got the whole world in His hands.—

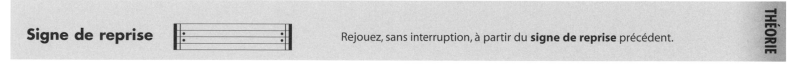

Signe de reprise Rejouez, sans interruption, à partir du **signe de reprise** précédent.

THÉORIE

MORCEAU 3

5. WATER COME A ME EYE

Ev-'ry time— I re-mem-ber Li-za, wa-ter come— a me eye.

Ev-'ry time— I think of Li-za, wa-ter come— a me eye.

Come back Li-za, come back gal, wa-ter come— a me eye.

Come back Li-za, come back gal, wa-ter come— a me eye.

BATTRE LA MESURE

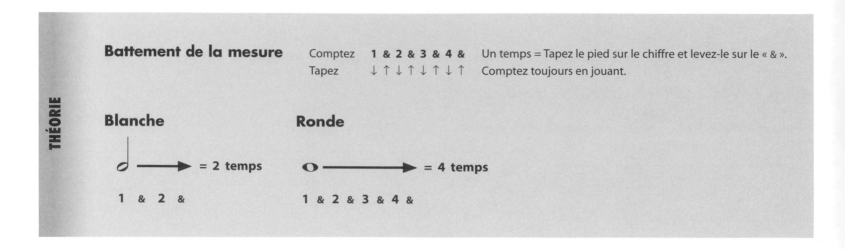

Battement de la mesure   Comptez   **1 & 2 & 3 & 4 &**   Un temps = Tapez le pied sur le chiffre et levez-le sur le « & ».
   Tapez   ↓ ↑ ↓ ↑ ↓ ↑ ↓ ↑   Comptez toujours en jouant.

Blanche   **Ronde**

= 2 temps   = 4 temps

1 & 2 &   1 & 2 & 3 & 4 &

6. BATTEMENT DES MAINS   *Battez la mesure avec les mains tout en comptant.*

Battez

Comptez 1   2   3   4   1   2   3   4   1   2   3   4   1   2   3   4   1   2   3   4   1   2   3   4

7. BATTEMENT AU PIED   *Pincez la première corde à vide selon le rythme indiqué tout en battant la mesure avec le pied.*

Pincez

Tapez 1   2   3   4   1   2   3   4   1   2   3   4   1   2   3   4   1   2   3   4   1   2   3   4

8. LE GRAND JEU   *Pincez la première corde à vide selon le rythme indiqué tout en battant la mesure.*

Pincez

Tapez 1   2   3   4   1   2   3   4   1   2   3   4   1   2   3   4   1   2   3   4   1   2   3   4

9. RÉVISION DES ÉLÉMENTS ESSENTIELS   *Inscrivez le nombre de temps que dure chaque note.*

4

THÉORIE

Clé de sol

Lignes   Espaces

Les **clés** représentent un ensemble de notes.

Mi   Sol   Si   Ré   Fa   Fa   La   Do   Mi
(E)   (G)   (B)   (D)   (F)   (F)   (A)   (C)   (E)

NOTES SUR LA PREMIÈRE CORDE

Jouons maintenant quelques notes seules. Utilisez les mêmes positions des mains que celles recommandées pour jouer des accords. Dans ce cas-ci, vous pincez une seule corde à la fois.

Mi (E)
à vide

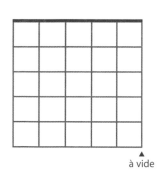

à vide

Mi (E)

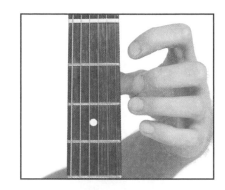

Fa (F)
1ère frette
1er doigt

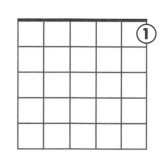

Fa (F)

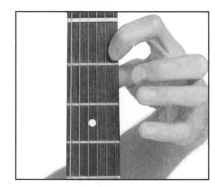

Sol (G)
3ème frette
3ème doigt

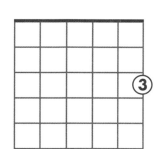

Sol (G)

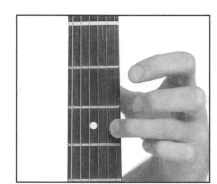

Coup vers le bas ⊓ Ce signe indique que vous devez gratter la ou les cordes avec le médiator ou le pouce dans un mouvement descendant.

10. RONDES

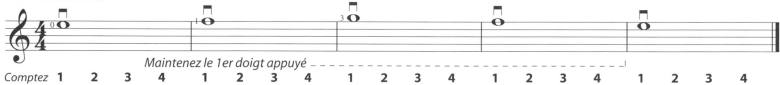

Maintenez le 1er doigt appuyé

Comptez 1 2 3 4   1 2 3 4   1 2 3 4   1 2 3 4   1 2 3 4

11. BLANCHES

1 2 3 4   1 2 3 4   1 2 3 4   1 2 3 4   1 2 3 4

12. NOIRES

1 2 3 4   1 2 3 4   1 2 3 4   1 2 3 4

NOTES SUR LA PREMIÈRE CORDE

Commencez par effectuer les exercices lentement et régulièrement. Dès que vous les maîtrisez en jeu lent, augmentez progressivement le *tempo* ou la vitesse.

13. VA-ET-VIENT

14. PETIT JEU SUR UNE SEULE CORDE *Touchez uniquement les cordes du bout des doigts.*

15. TECHNICITÉ *Gardez les doigts de la main gauche arrondis au-dessus des cordes.*

*

Une fois que vous réussissez à jouer la mélodie sur l'air suivant, essayez d'ajouter les accords avec un partenaire.

16. D'UNE LIGNE À L'AUTRE

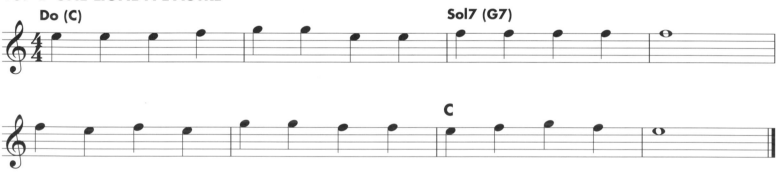

MORCEAU 4

17. THÈME ESPAGNOL *Les guitaristes de flamenco jouent ce thème pour accompagner les danseurs.*

HISTOIRE

Le **Flamenco** est un style de musique espagnol qui mêle le chant, la guitare et la danse. Ce genre musical aurait été introduit en Espagne par les gitans il y a des centaines d'années. Les guitaristes de flamenco emploient souvent la technique dite *fingerstyle* qui consiste à pincer les cordes avec les doigts et le pouce de la main droite. Au lieu de recourir aux médiators en plastique souvent privilégiés par les guitaristes, les musiciens de flamenco préfèrent se laisser pousser les ongles.

JEU D'ACCORDS

Essayez ces deux nouveaux accords : Sol (G) et Ré7 (D7). Notez que les accords appris précédemment ne comprennent que trois cordes, à l'instar de l'accord de Sol (G) expliqué ici. La version intégrale de ces accords vous sera donnée par la suite dans ce guide. En revanche, l'accord de Ré7 (D7) ci-dessous est votre premier accord complet à quatre cordes. Vous trouverez la version intégrale de l'accord de Sol (G) à la page 23.

Accord de Sol (G)

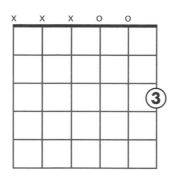
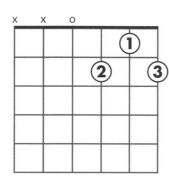

Accord de Ré7 (D7)

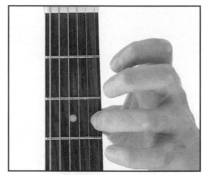

Lorsque vous passez de l'accord de Sol (G) à l'accord de Ré7 (D7), notez que le 3ème doigt glisse alternativement entre la deuxième et la troisième frette sur la première corde.

18. PRATIQUE DE L'ACCORD *Jouez les nouveaux accords en effectuant un battement par barre oblique.*

MORCEAU 5

19. PAY ME MY MONEY DOWN *Jouez les nouveaux accords en battement pendant que votre instructeur chante. Puis chantez tous ensemble.*

JEU D'ACCORDS

HISTOIRE   **Hank Williams** (1923–1953) figure parmi les plus grands compositeurs de musique country. « Jambalaya (On the Bayou) » est une chanson entraînante à deux accords de style Cajun, originaire de Louisiane. Un *bayou* est un terme qui désigne les marécages de Louisiane, où l'on utilise des *pirogues* pour pêcher l'*écrevisse,* ingrédient essentiel du *jambalaya,* une délicieuse spécialité gastronomique de la région.

Essayez de jouer les accords en battement sur cette chanson sans les barres obliques. Suivez simplement les symboles des accords au fur et à mesure de la progression de la chanson. Utilisez le même motif de battement qu'auparavant. Rappelez-vous que chaque mesure comprend quatre temps.

MORCEAU 6

20. JAMBALAYA (ON THE BAYOU)

Hank Williams

21. RÉVISION DES ÉLÉMENTS ESSENTIELS

Jouez l'exercice d'accord ci-dessous devant votre instructeur. Effectuez un battement à chaque barre oblique et changez d'accord quand cela est indiqué.

NOTES SUR LA DEUXIÈME CORDE

Jouez ensuite ces nouvelles notes seules. Notez qu'elles se jouent exactement de la même manière que les notes apprises sur la première corde, sauf qu'elles se jouent sur la deuxième corde.

Si (B)
à vide

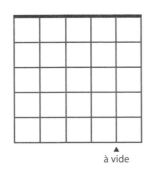

à vide

Si
(B)

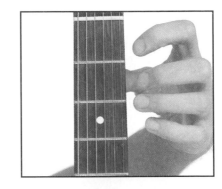

Do (C)
1ère frette
1er doigt

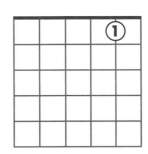

Do
(C)

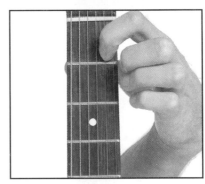

Ré (D)
3ème frette
3ème doigt

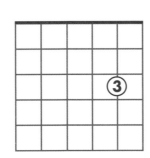

Ré
(D)

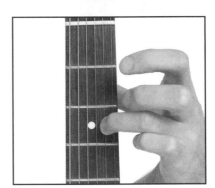

Essayez les nouvelles notes dans les exercices ci-dessous. Rappelez-vous de pincer chaque note en effectuant des coups vers le bas (⊓). Appliquez-vous à ne pincer que la deuxième corde en veillant à ne pas toucher les cordes adjacentes.

22. RONDES

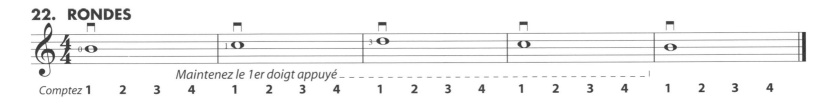

Maintenez le 1er doigt appuyé

Comptez 1 2 3 4   1 2 3 4   1 2 3 4   1 2 3 4   1 2 3 4

23. BLANCHES

1 2 3 4   1 2 3 4   1 2 3 4   1 2 3 4   1 2 3 4

24. NOIRES

1 2 3 4   1 2 3 4   1 2 3 4   1 2 3 4   1 2 3 4

NOTES SUR LA DEUXIÈME CORDE

Commencez toujours par effectuer les exercices lentement et régulièrement. Dès que vous les maîtrisez en jeu lent, augmentez progressivement le tempo. Si certaines notes sont floues ou peu claires, ajustez légèrement le doigt de votre main gauche jusqu'à ce que vous entendiez un son clair.

25. OVER AND UNDER THE SEA

26. TWO OF A KIND

27. SECOND HELPING

*

Vous avez jusqu'ici appris six notes : trois sur la première corde et trois sur la deuxième corde. Dans les exercices suivants, vous passerez d'une corde à l'autre. Pendant que vous jouez une note, anticipez la suivante et positionnez vos doigts conformément.

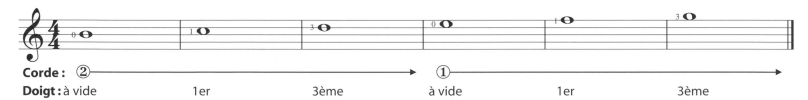

Corde : ② ——————————————→ ① ——————————————→
Doigt : à vide   1er   3ème   à vide   1er   3ème

28. CROSSING OVER

29. WILD STRINGDOM

JEU D'ACCORDS

Anacrouses   Une ou plusieurs notes qui précèdent la première mesure *entière* d'une chanson. Lorsqu'une chanson commence par des **anacrouses**, la dernière mesure sera écourtée du nombre exact de temps utilisés comme anacrouses.

Les deux chansons suivantes contiennent trois des accords que vous avez appris jusqu'ici. Dès que vous vous sentirez à l'aise avec ces accords, essayez de chanter *tout* en jouant les accords. Notez les anacrouses dans la première mesure partielle de la chanson. Chantez les premières paroles « This land is… », puis commencez à jouer la chanson en battement régulier dès que vous voyez le symbole de l'accord de Do (C). D'autres couplets apparaissent sous la chanson ; suivez simplement les noms des accords indiqués au-dessus des paroles pour continuer à chanter et jouer en battement la même mélodie.

30. THIS LAND IS YOUR LAND

       Do (C)   **Sol (G)**
1. As I was walking that ribbon of highway

      Ré (D7)   **Sol (G)**
  I saw above me that endless skyway;

      Do (C)   **Sol (G)**
  I saw below me that golden valley;

  Ré (D7)   **Sol (G)**
  This land was made for you and me.

Refrain

       Do (C)   **Sol (G)**
2. I've roamed and rambled and I followed my footsteps;

      Ré (D7)   **Sol (G)**
  To the sparkling sands of her diamond deserts;

      Do (C)   **Sol (G)**
  And all around me a voice was sounding;

  Ré (D7)   **Sol (G)**
  This land was made for you and me.

Refrain

Woody Guthrie (1912–1967) est considéré comme l'un des plus grands musiciens américains du XXème siècle. Il a parcouru les États-Unis, composant des chansons et exerçant des emplois divers. Il a écrit des centaines de chansons au cours de sa courte vie, dont « This Land is Your Land », l'une des plus connues.

HISTOIRE

JEU D'ACCORDS

HISTOIRE

Robert Johnson (1889–1938) est le plus célèbre des guitaristes de blues country originaires du delta du Mississippi. Il connut une popularité grandissante environ au même moment où Woody Guthrie parcourait les États-Unis, chantant ses propres chansons. Le titre phare de son répertoire, « Crossroad Blues », a été interprété par de nombreux guitaristes, dont Eric Clapton.

MORCEAU 7

31. SWEET HOME CHICAGO

Robert Johnson

Come on, ba - by don't-cha wan - na go? Come on,

ba - by don't-cha wan - na go? Back to that

same old place, sweet home Chi - ca - go?

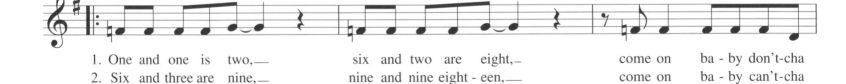

1. One and one is two, six and two are eight, come on ba - by don't-cha
2. Six and three are nine, nine and nine eight - een, come on ba - by can't-cha

make me late! } Hey, ba - by don't-cha wan - na go?
see what I mean. }

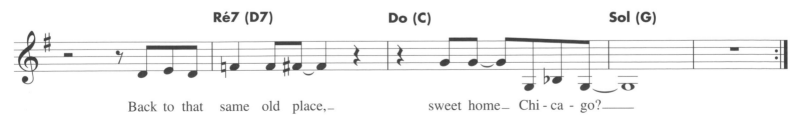

Back to that same old place, sweet home Chi - ca - go?

JEU DE NOTES INDIVIDUELLES

Le compositeur allemand **Ludwig van Beethoven** (1770–1827) est considéré comme l'un des plus grands compositeurs au monde alors qu'il est devenu complètement sourd en 1802. Même s'il n'entendait pas la musique telle que nous l'entendons, il l'« entendait » dans sa tête. En témoignage de son immense talent, sa *Symphonie No. 9* a été interprétée pour clôturer la cérémonie célébrant la réunification de l'Allemagne en 1990.

HISTOIRE

Entraînez-vous à jouer ces morceaux sur les cordes 1 et 2. Démarrez toujours lentement, puis augmentez progressivement le tempo. Les accords joués par l'instructeur sont parfois représentés par des symboles gris tout au long de ce guide.

MORCEAU 8

32. ODE À LA JOIE (extrait de la *Symphonie No. 9*)

Ludwig van Beethoven

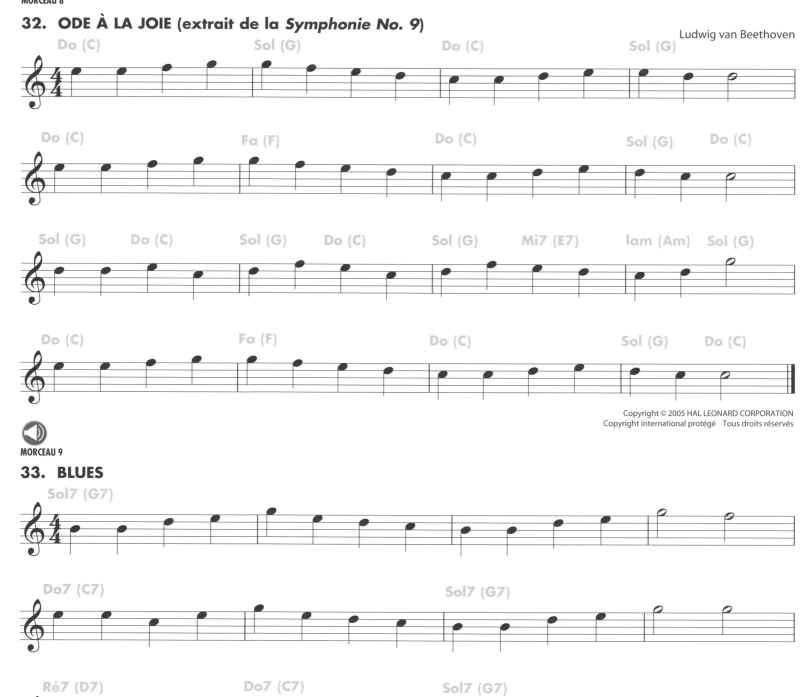

MORCEAU 9

33. BLUES

Le **blues** est un style musical Afro-Américain dont les origines remontent à plusieurs siècles. Le précurseur du blues que nous connaissons aujourd'hui est né peu après 1900 dans le delta du Mississippi, avant de se répandre au nord vers Memphis, Chicago et d'autres villes.

HISTOIRE

JEU D'ACCORDS

INITIATION AU BATTEMENT 2

Battement alterné

Vous n'avez utilisé jusqu'ici que des coups vers le bas (⊓). Vous allez maintenant apprendre à jouer des coups vers le haut (V) entre chaque temps. Le **battement alterné** *subdivise* ou coupe de moitié le temps. Plus loin dans ce guide, vous apprendrez à jouer des croches qui ont le même effet. Un battement alterné est noté comme suit :

Dès que vous vous sentez à l'aise avec ce battement alterné de base, essayez de l'appliquer aux morceaux « Jambalaya » (page 12) et « This Land is Your Land » (page 15).

Intro Certains morceaux comprennent une **intro** (introduction) avant de démarrer. Cela consiste souvent à jouer une ou deux fois les accords principaux du morceau.

Dans la chanson qui suit, le groupe joue une intro instrumentale, puis Elvis Presley chante « You ain't nothin' but a hound dog » et le groupe en entier se met à jouer. Essayez de jouer l'intro ci-dessous avant de l'ajouter à la chanson.

34. HOUND DOG

Jerry Leiber et Mike Stoller

JEU D'ACCORDS

N.C. Ce symbole est l'abréviation de l'anglais « No Chord », qui signifie « Sans accord ». Cela veut dire qu'aucun accord ne doit être joué à chaque fois que la notation **N.C.** apparaît dans la partition.

Ce classique du rock'n'roll comprend les quatre accords que vous avez appris jusqu'ici.

MORCEAU 11

35. ROCK AROUND THE CLOCK

Max C. Freedman et Jimmy DeKnight

Le groupe **Bill Haley & His Comets** a enregistré « Rock Around the Clock » en 1955. Ce grand tube, ainsi que le succès « Shake, Rattle and Roll », comptent parmi les premières chansons de rock jamais créées.

HISTOIRE

JEU D'ACCORDS

Progression d'accords	Mouvement d'un accord à l'autre, ou enchaînement d'accords dans un morceau.
Changements d'accords	Terme souvent employé en jazz pour désigner la progression d'accords d'un morceau, ou littéralement, la transition d'un accord à un autre.
Accompagnement	Partie instrumentale à l'appui ou en arrière-plan d'une autre partie.

36. RÉVISION DES ÉLÉMENTS ESSENTIELS

Jouez les changements d'accords indiqués ci-dessous devant votre instructeur. Effectuez le coup vers le bas et le battement alterné indiqués par les barres obliques.

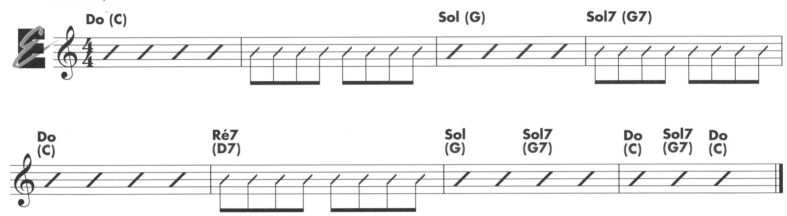

37. CRÉATIVITÉ ESSENTIELLE

À partir des quatre accords appris jusqu'ici, créez vos propres changements d'accords et jouez-les devant l'instructeur. Essayez d'utiliser les différents motifs de battement que vous avez appris. Amusez-vous à chanter également vos propres paroles. Vous pouvez écrire votre chanson dans la portée fournie ci-dessous. N'oubliez pas d'ajouter les symboles musicaux qui conviennent.

NOTES SUR LA TROISIÈME CORDE

Sol (G)
à vide

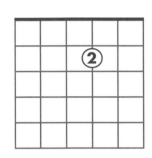

à vide

Sol (G)

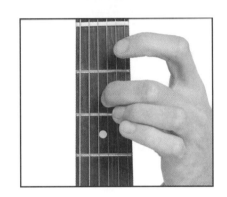

La (A)
2ème frette
2ème doigt

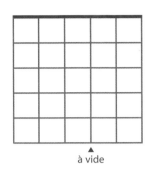

②

La (A)

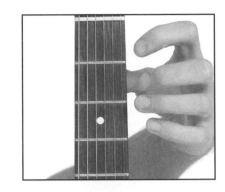

Maintenez les doigts constamment arrondis au-dessus des cordes afin d'être prêt à jouer la note suivante.

38. ÉCHAUFFEMENT À LA TROISIÈME CORDE

*

39. GALOP DE GUITARE

*

RÉVISION DES CORDES

Voici toutes les notes que vous avez apprises jusqu'ici :

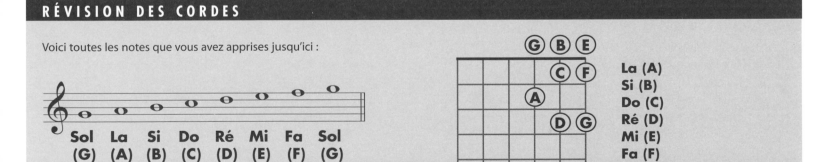

Sol (G)   La (A)   Si (B)   Do (C)   Ré (D)   Mi (E)   Fa (F)   Sol (G)

G   B   E
C   F
A
D   G

La (A)
Si (B)
Do (C)
Ré (D)
Mi (E)
Fa (F)
Sol (G)

Jouez ces notes vers le haut et le bas. Écoutez-vous attentivement et appliquez-vous à passer sans à-coups d'une corde à l'autre tout en produisant des sons clairs et réguliers. Une écoute attentive de votre propre jeu est un élément essentiel pour composer de la musique.

JEU DE NOTES INDIVIDUELLES

Dans les chansons suivantes, les notes sont jouées sur les cordes 1, 2 et 3.

MORCEAU 12

40. ROCKIN' ROBIN *Essayez de jouer également en battement la progression d'accords.*

J. Thomas

MORCEAU 13

41. YANKEE DOODLE

Traditionnel

MORCEAU 14

42. SURF ROCK *Jouez les accords une fois que vous avez appris la mélodie.*

*

JEU D'ACCORDS

L'accord de mi mineur (**Em**) est l'un des accords de guitare les plus faciles à exécuter. C'est aussi le premier accord que vous jouerez avec les six cordes. Arrondissez les doigts et jouez du bout des doigts pour éviter de toucher les autres cordes à vide.

Accord de mim (Em)

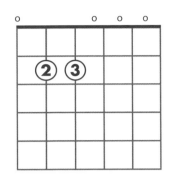

Essayez maintenant la version intégrale des accords de Do (C) et de Sol (G).

Accord de Do (C)

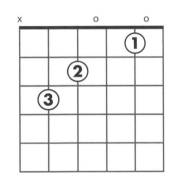

Accord de Sol (G)

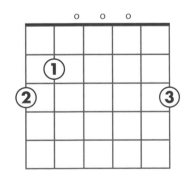

Dès que vous vous sentez à l'aise avec l'accord de mim (Em) et les nouveaux accords de Do (C) et de Sol (G), essayez de chanter et de jouer à la guitare les deux chansons suivantes.

JEU D'ACCORDS

D.C. al Fine

À la notation **D.C. al Fine**, reprenez depuis le début et arrêtez à **Fine** (Finé). **D.C.** est l'abréviation de Da Capo, qui signifie « depuis le début » et **Fine** signifie « fin ».

INITIATION AU BATTEMENT 3

Après avoir joué « Eleanor Rigby » dans son intégralité en effectuant un simple coup vers le bas à chaque temps, essayez cette nouvelle variation en battement alterné. Laissez le premier battement vibrer pendant un temps entier. Puis jouez minutieusement les coups vers le bas (⊓) et vers le haut (V) :

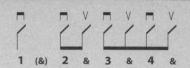

MORCEAU 15

43. ELEANOR RIGBY *Jouez les reprises jusqu'à ce que vous ayez chanté les trois couplets, puis jouer le D.C. al Fine.* John Lennon et Paul McCartney

Copyright © 1966 Sony/ATV Songs LLC Copyright renouvelé
Tous droits administrés par Sony/ATV Music Publishing, 8 Music Square West, Nashville, TN 37203 (États-Unis)
Copyright international protégé Tous droits réservés

HISTOIRE

Les membres des **Beatles** John Lennon et Paul McCartney ont composé ensemble plusieurs grands succès dans les années 1960. Ils font partie des groupes anglais qui ont influencé la musique populaire américaine à cette époque.

JEU D'ACCORDS

INITIATION AU BATTEMENT 4

Une fois que vous avez joué les accords sur les chansons précédentes avec un simple battement et que vous vous sentez à l'aise avec les changements de la main gauche, reprenez et utilisez la nouvelle variante du battement alterné pour accompagner les chansons précédentes de ce guide.

Le morceau ci-dessous est un bon moyen de vous exercer à jouer ensemble l'accord de mim (Em) et la version intégrale de l'accord de Sol (G) que vous avez appris.

MORCEAU 16

44. TELL OL' BILL *Jouez les reprises trois fois, une fois pour chacun des trois couplets.* Traditionnel

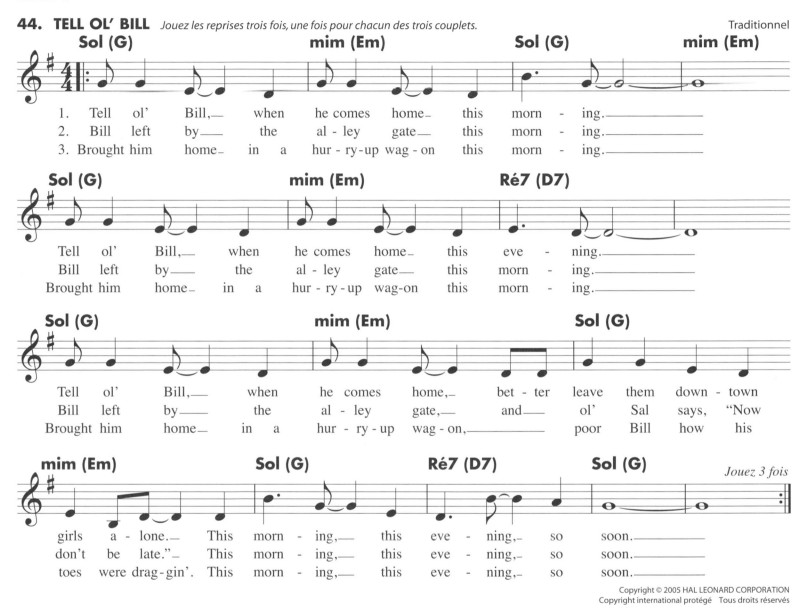

1. Tell ol' Bill, when he comes home this morn - ing.
2. Bill left by the al - ley gate this morn - ing.
3. Brought him home in a hur - ry-up wag - on this morn - ing.

Tell ol' Bill, when he comes home this eve - ning.
Bill left by the al - ley gate this morn - ing.
Brought him home in a hur - ry-up wag-on this morn - ing.

Tell ol' Bill, when he comes home, bet - ter leave them down - town
Bill left by the al - ley gate, and ol' Sal says, "Now
Brought him home in a hur - ry-up wag - on, poor Bill how his

girls a - lone. This morn - ing, this eve - ning, so soon.
don't be late." This morn - ing, this eve - ning, so soon.
toes were drag-gin'. This morn - ing, this eve - ning, so soon.

Jouez 3 fois

Essayez ensuite la version intégrale de l'accord de Sol7 (G7). Notez combien il est facile d'alterner entre cet accord et l'accord de Do (C). Retournez à la page 5 et effectuez les exercices 1 et 2 (dans Initiation au battement 1) avec les accords complets de Sol7 (G7) et de Do (C). Jouez-les également avec « He's Got the Whole World in His Hands » et « Water Come a Me Eye » (page 7).

Accord de Sol7 (G7)

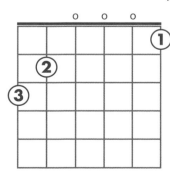

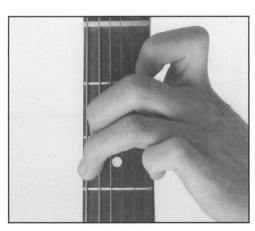

COUP DE PROJECTEUR

Duo   Morceau ou chanson possédant deux parties différentes qui peuvent être jouées simultanément.

Entraînez-vous à jouer les deux parties du duo suivant. Demandez à votre instructeur ou à un partenaire de vous accompagner avec jouez l'une ou l'autre partie en écoutant le CD. Essayez également de jouer l'accord d'accompagnement pendant que d'autres jouent la ou les parties.

MORCEAU 17

45. AU CLAIR DE LA LUNE

France

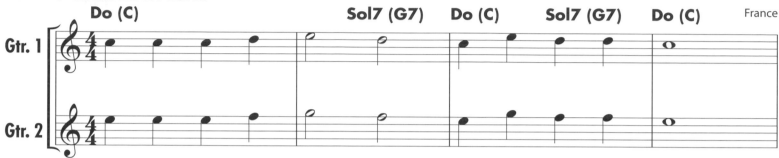

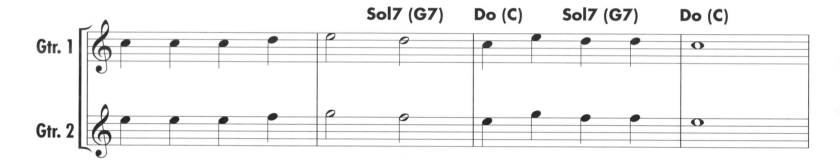

 Pour devenir un bon guitariste, il est essentiel de s'exercer régulièrement. Il vaut mieux s'entraîner une demi-heure par jour que deux heures tous les deux jours. Trouvez un moment qui vous convient dans la journée, à heure régulière.

JEU DE NOTES INDIVIDUELLES

Le morceau suivant est une mélodie populaire à une note dans laquelle sont utilisées plusieurs des notes que vous avez apprises jusqu'ici. Appliquez-vous à utiliser correctement les doigts de la main gauche pour chaque note. Lorsque vous jouez des notes sur une corde à vide, vous avez le temps de positionner la main gauche en vue de jouer la note pincée suivante.

MORCEAU 18

46. AURA LEE

Fosdick & Poulton

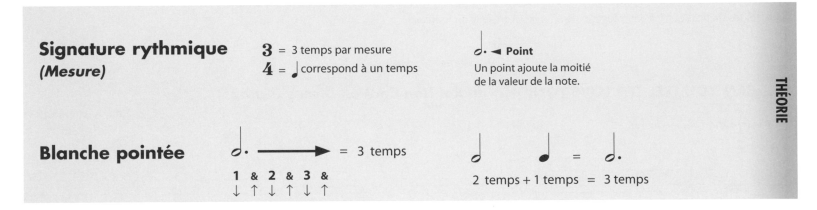

47. PAR TROIS *Battez la mesure en tapant dans les mains tout en comptant les temps.*

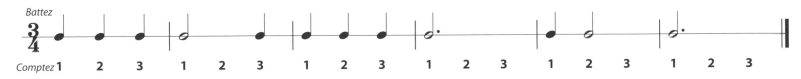

MORCEAU 19
48. FOR HE'S A JOLLY GOOD FELLOW *Essayez maintenant de jouer cet air avec une mesure en $\frac{3}{4}$. Veillez à jouer également les accords.*

Angleterre

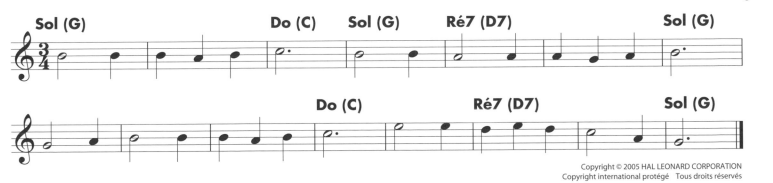

COUP DE PROJECTEUR

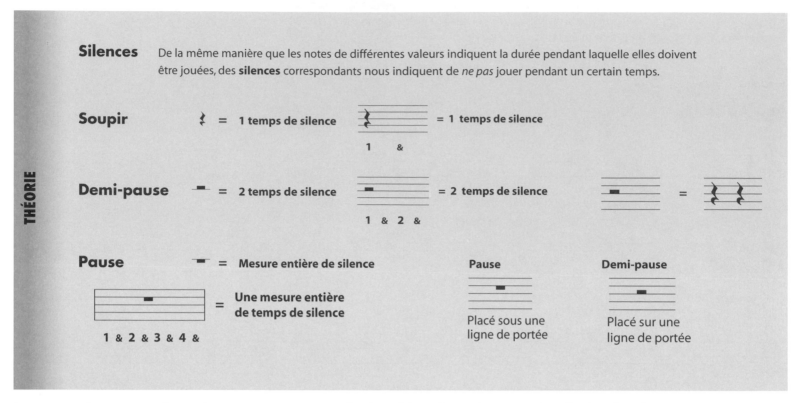

Silences De la même manière que les notes de différentes valeurs indiquent la durée pendant laquelle elles doivent être jouées, des **silences** correspondants nous indiquent de *ne pas* jouer pendant un certain temps.

Soupir = 1 temps de silence = 1 temps de silence

Demi-pause = 2 temps de silence = 2 temps de silence

Pause = Mesure entière de silence

= Une mesure entière de temps de silence

Pause Placé sous une ligne de portée

Demi-pause Placé sur une ligne de portée

Le morceau suivant comprend toutes les notes que vous avez apprises jusqu'ici avec les cordes 1, 2 et 3. Il est divisé en duo à la page suivante. Veillez à respecter les silences et à les compter afin de ne pas perdre le fil du morceau.

MORCEAU 20

49. CAN YOU FEEL THE LOVE TONIGHT (du *Roi Lion* de Walt Disney Pictures)

Elton John et Tim Rice

JEU D'ACCORDS

INITIATION AU BATTEMENT 5

Syncope Contretemps rythmique ou accentuation des notes situées au niveau des « & » entre chaque temps.

Battement syncopé

Entraînez-vous à jouer les motifs de battement syncopé ci-dessous comme variante du battement alterné.

Conseils
- Exercez-vous à jouer le motif de battement alterné jusqu'à ce que vous puissiez l'exécuter sans réfléchir.
- Continuez cette action alternée pour l'ensemble des motifs de battement syncopés, mais « omettez » les cordes où apparaît la mention « omettre ». Maintenez votre bras en mouvement de la même manière que pour les battements alternés de base.
- Vous obtiendrez ainsi les rythmes voulus et pourrez facilement passer d'un motif de battement à un autre.

Battement alterné de base

Battement syncopé 1

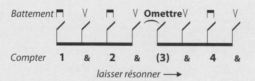

Battement syncopé 2

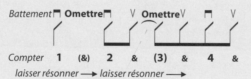

Essayez les nouveaux motifs de battement avec les chansons « Water Come A Me Eye » (page 7), « Pay Me My Money Down » (page 11) et « Jambalaya » (page 12), puis effectuez les exercices ci-dessous.

50. SYNCO DE MAYO

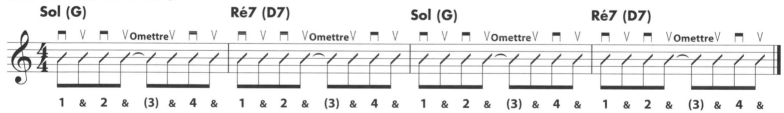

Jouez à présent les battements syncopés avec les accords de « Duke of Earl ».

51. DUKE OF STRUMS

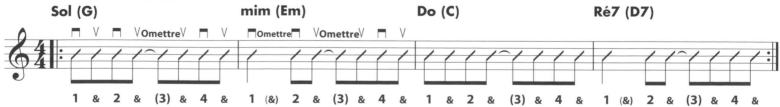

HISTOIRE Les battements syncopés si essentiels à la musique populaire moderne sont le résultat du mélange unique de rythmes Africains et d'éléments musicaux d'Europe et d'Amérique Latine.

COUP DE PROJECTEUR

Voici la version intégrale de la chanson, qui se prête particulièrement à l'exécution de différents motifs de battement. Essayez de suivre les battements alternés indiqués dans la première ligne du morceau. Dès que vous atteignez la deuxième ligne, utilisez certains des battements syncopés que vous venez d'apprendre.

MORCEAU 21

52. DUKE OF EARL

Edwards, Dixon et Williams

53. CRÉATIVITÉ ESSENTIELLE

Créez vos propres motifs de battement et jouez-les sur le morceau « Duke of Earl » ci-dessus. Essayez différentes combinaisons du battement syncopé, du battement alterné et du coup vers le bas de base, ou expérimentez avec vos propres rythmes originaux. Les possibilités sont illimitées !

NOTES SUR LA QUATRIÈME CORDE

Ré (D)
à vide

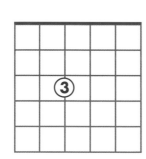

Ré
(D)

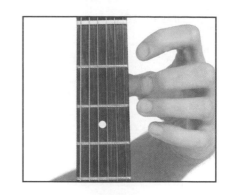

Mi (E)
2ème frette
2ème doigt

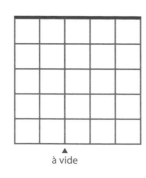

Mi
(E)

Fa (F)
3ème frette
3ème doigt

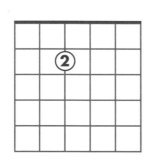

Fa
(F)

Effectuez méticuleusement chaque exercice. Souvenez-vous de maintenir les doigts arrondis au-dessus des cordes.

54. ÉCHAUFFEMENT À LA QUATRIÈME CORDE

Maintenez le 2ème doigt appuyé – |

55. THE FOUR HORSEMEN

56. RÉVISION DES ÉLÉMENTS ESSENTIELS *Inscrivez le nom des notes sous la portée.*

JEU DE NOTES INDIVIDUELLES

 **Alerte** Les deux pages suivantes comprennent des anacrouses (voir page 15). Comptez à voix haute les temps manquants avant de commencer à jouer. Rappelez-vous que les dernières mesures seront écourtées du nombre exact de temps correspondant aux anacrouses.

Dans les deux exercices ci-dessous, les dernières mesures contiennent des notes superposées. Ces notes doivent être jouées en battement, ensemble dans un accord. Notez que ces accords sont en fait les versions à 3 notes des accords de Sol (G) et de Do (C) que vous avez appris au début de ce guide. Lorsque vous êtes capable de jouer les mélodies sur ces deux chansons, jouez également l'accord d'accompagnement.

MORCEAU 22

57. THE RIDDLE SONG
Traditionnel

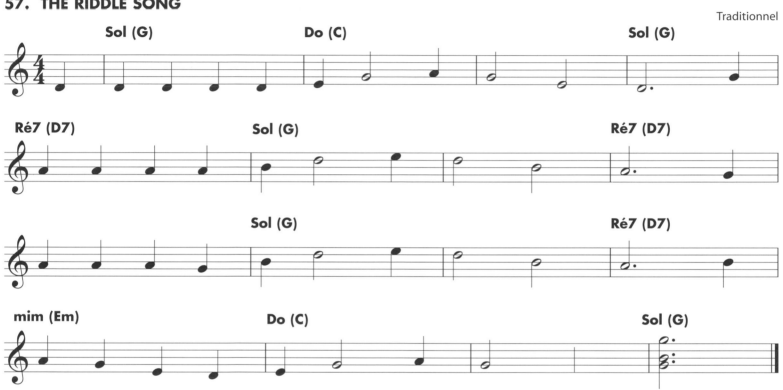

Pour cet exercice, entraînez-vous à jouer les notes puis les battements d'accord en duo avec votre instructeur, un partenaire ou un dispositif enregistreur.

58. COMP-ALONG CASSIDY

59. RÉVISION DES ÉLÉMENTS ESSENTIELS *Nommez les accords créés à partir de ces notes superposées.*

JEU DE NOTES INDIVIDUELLES

Essayez de jouer les mélodies et les accords de ces deux morceaux en alternant avec votre instructeur ou un partenaire.

MORCEAU 23

60. WORRIED MAN BLUES

Traditionnel

Sol (G)

It takes a wor - ried man to sing a wor - ried song. It

Do (C)   **Sol (G)**

takes a wor - ried man to sing a wor - ried song. It

takes a wor - ried man to sing a wor - ried song. I'm wor - ried

Ré7 (D7)   **Sol (G)**

now, yes now, but I won't be wor - ried long.

MORCEAU 24

61. 12-BAR ROCK

Sol (G)

Do (C)   **Sol (G)**

Ré7 (D7)   **Do (C)**   **Sol (G)**

COUP DE PROJECTEUR

Jouez cette célèbre chanson des Beatles pendant que votre instructeur joue les accords. Chantez également en jouant.

MORCEAU 25

62. LET IT BE

Couplet

John Lennon et Paul McCartney

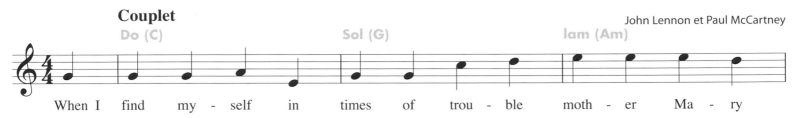

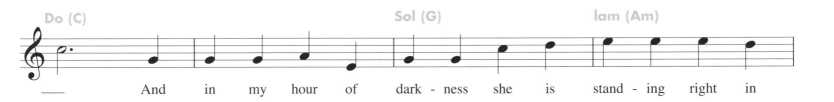

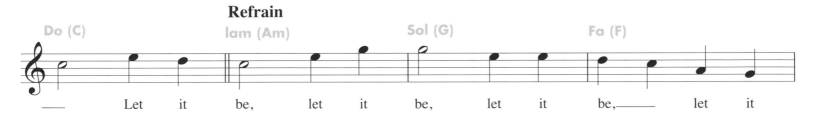

COUP DE PROJECTEUR

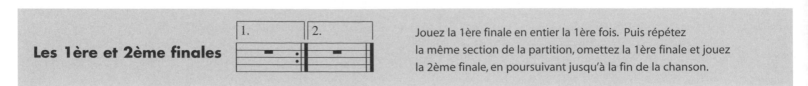

Les 1ère et 2ème finales

Jouez la 1ère finale en entier la 1ère fois. Puis répétez la même section de la partition, omettez la 1ère finale et jouez la 2ème finale, en poursuivant jusqu'à la fin de la chanson.

Essayez d'exécuter ce morceau en mélangeant différents motifs de battement. Dès que vous maîtrisez les changements d'accords, essayez de jouer *et* de chanter en même temps.

MORCEAU 26

63. TEACH YOUR CHILDREN

Crosby, Stills, Nash et Young ont enregistré la chanson « Teach Your Children » en 1970. Ce succès est un mélange mélodieux de styles acoustique folk et country, avec des harmonies vocales riches.

HISTOIRE

JEU DE NOTES INDIVIDUELLES

THÉORIE **Liaison** Ligne courbe reliant deux ou plusieurs notes de *même* hauteur tonale. La première note est une jouée une fois et tenue pendant la durée des deux notes. La deuxième note ne doit pas être rejouée. Vous ne jouez qu'un seul son durant le nombre de temps combiné des notes liées.

Regardez l'exemple de notes liées suivant. Commencez par battre la mesure en tapant dans les mains et en comptant à voix haute. Puis jouez l'exemple en comptant.

64. JEU LIÉ

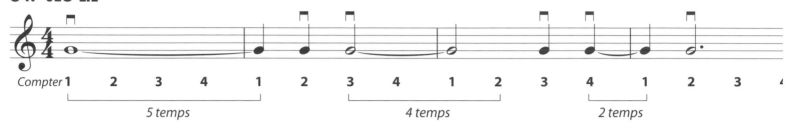

Compter **1** 2 3 4 1 2 3 4 1 2 3 4 1 2 3 4

5 temps   *4 temps*   *2 temps*

Entraînez-vous à jouer la mélodie et les accords dans cet air traditionnel connu comportant des liaisons.

MORCEAU 27

65. AMAZING GRACE

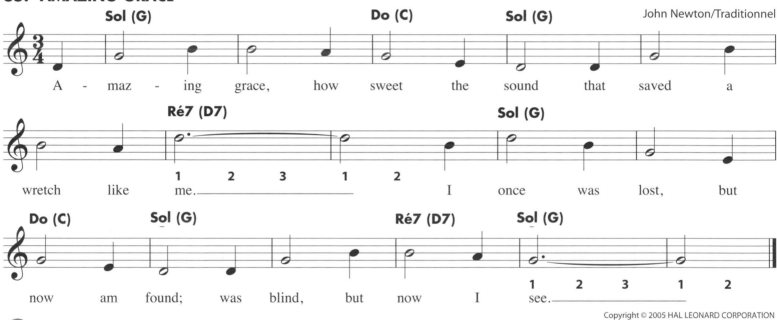

Sol (G)   **Do (C)**   **Sol (G)**   John Newton/Traditionnel

A - maz - ing grace, how sweet the sound that saved a

Ré7 (D7)   **Sol (G)**

wretch like me._____ I once was lost, but
1   2   3   1   2

Do (C)   **Sol (G)**   **Ré7 (D7)**   **Sol (G)**

now am found; was blind, but now I see._____
1   2   3   1   2

MORCEAU 28

66. RIFFIN'

Ré7 (D7)

Sol7 (G7)   **Ré7 (D7)**

La7 (A7)   **Sol7 (G7)**   **Ré7 (D7)**

COUP DE PROJECTEUR

Entraînez-vous à jouer la mélodie et les accords dans les deux chansons suivantes. Essayez de chanter en jouant.

MORCEAU 29

67. WHEN THE SAINTS GO MARCHING IN

Katherine Purvis et James Black

Oh when the saints go march - ing in oh when the

saints go march - ing in. Lord, I want to be in that

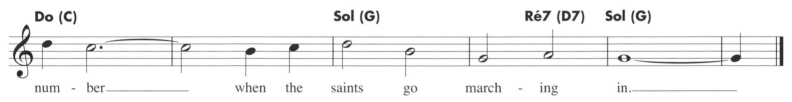

num - ber when the saints go march - ing in.

MORCEAU 30

68. WILL THE CIRCLE BE UNBROKEN

Ada Haberson et Charles Gabriel

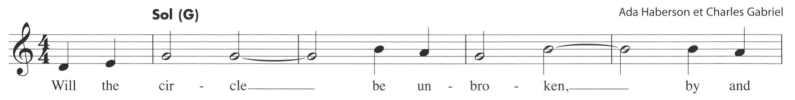

Will the cir - cle be un - bro - ken, by and

by, Lord, by and by? There's a bet - ter home a -

wait - ing, in the sky, Lord, in the sky.

JEU D'ACCORDS

Accord de Ré (D)

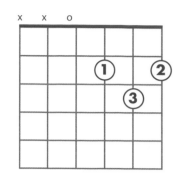

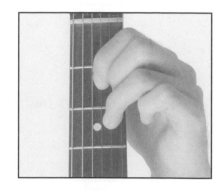

Accord de La7 (A7)

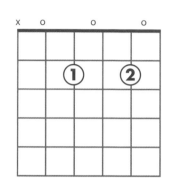

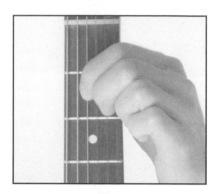

INITIATION AU BATTEMENT 6

Conseils et astuces pour jouer des accords

- Battez la mesure avec le pied ou à l'aide d'un métronome.

- À l'approche d'un changement d'accord, abordez le nouvel accord à temps même si cela veut dire mettre fin à l'accord précédent légèrement plus tôt.

- Essayez de déplacer vos doigts vers le nouvel accord « en un seul tenant » au lieu de les laisser se placer un par un.

Familiarisez-vous avec les nouveaux accords de Ré (D) et de La7 (A7) dans le morceau suivant. Une fois que vous maîtrisez ces accords, essayez l'un des battements syncopés.

MORCEAU 31

69. MARIANNE

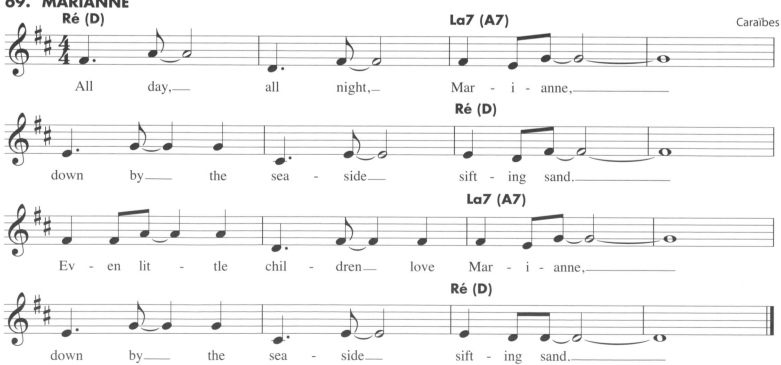

Caraïbes

All day,— all night,— Mar - i - anne,—

down by— the sea - side— sift - ing sand.—

Ev - en lit - tle chil - dren— love Mar - i - anne,

down by— the sea - side— sift - ing sand.—

JEU D'ACCORDS

Jouez et chantez cette chanson traditionnelle afro-américaine qui comporte les nouveaux accords de Ré (D) et de La7 (A7). Jouez les reprises jusqu'à ce que vous ayez changé tous les couplets.

MORCEAU 32

70. THIS TRAIN

Couplet

Afro-américain

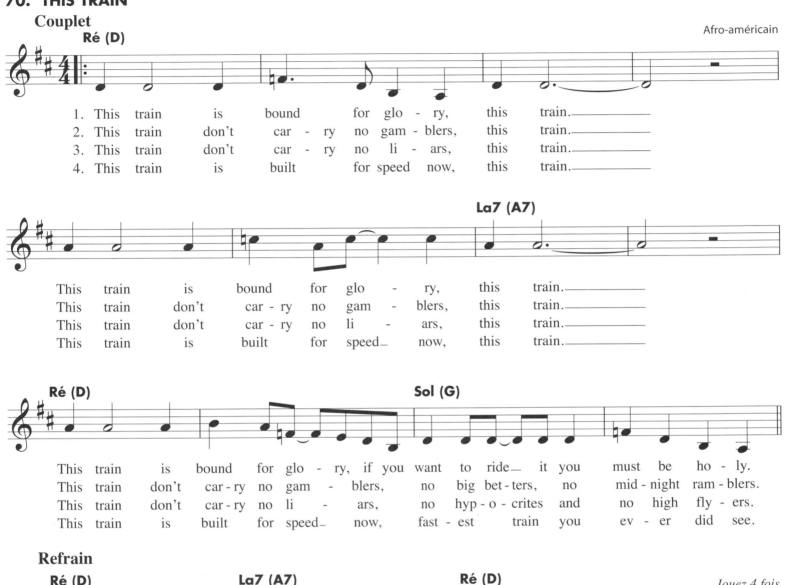

1. This train is bound for glo - ry, this train._____
2. This train don't car - ry no gam - blers, this train._____
3. This train don't car - ry no li - ars, this train._____
4. This train is built for speed now, this train._____

This train is bound for glo - ry, this train._____
This train don't car - ry no gam - blers, this train._____
This train don't car - ry no li - ars, this train._____
This train is built for speed now, this train._____

This train is bound for glo - ry, if you want to ride it you must be ho - ly.
This train don't car - ry no gam - blers, no big bet - ters, no mid - night ram - blers.
This train don't car - ry no li - ars, no hyp - o - crites and no high fly - ers.
This train is built for speed now, fast - est train you ev - er did see.

Refrain

Jouez 4 fois

This train is bound for glo - ry, this train._____

71. RÉVISION DES ÉLÉMENTS ESSENTIELS *Inscrivez le nombre de temps que durent les notes liées.*

JEU D'ACCORDS

 Alerte La chanson suivante comprend une 1ère et une 2ème finales. Allez à la page 36 si vous souhaitez vous rafraîchir la mémoire.

MORCEAU 33

72. SURFIN' U.S.A. *Jouez en battement et chantez cette célèbre chanson des Beach Boys.*

Chuck Berry

Ev - 'ry - bod - y's gone surf - in',_____ surf - in' U. S. A._____

_____ 1. If ev - 'ry - bod - y had an o - cean_____ a - cross the U. S. A.
(2.) route_____ we're gon - na take real soon.

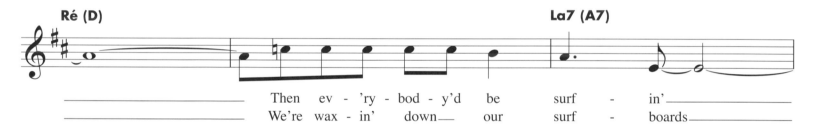

_____ Then ev - 'ry - bod - y'd be surf - in'
_____ We're wax - in' down_____ our surf - boards_____

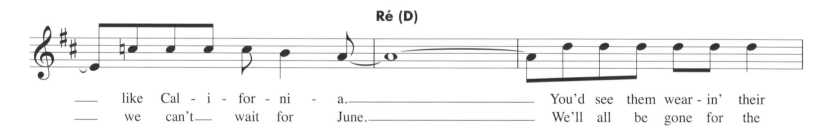

_____ like Cal - i - for - ni - a._____ You'd see them wear - in' their
_____ we can't_____ wait for June._____ We'll all be gone for the

bag - gies,_____ huar - a - chi san - dals too._____
sum - mer,_____ we're on sa - fa - ri to stay._____

_____ A bush - y, bush - y blonde hair - do,_____ surf - in' U. S. A._____
Tell the teach - er we're surf - in',_____ surf - in' U. S. A._____

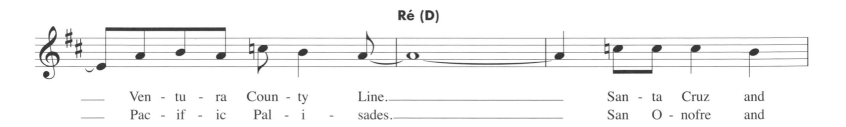

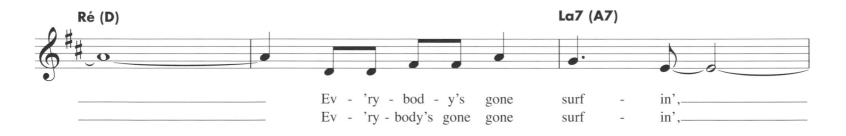

Les Beach Boys ont contribué à l'engouement populaire pour le genre musical guitare surf des années 1960 avec des tubes tels que « Surfin' U.S.A », « Good Vibrations », « I Get Around », « Fun, Fun, Fun » et bien d'autres. Ils sont peut-être surtout connus pour leurs harmonies vocales entraînantes.

HISTOIRE

JEU D'ACCORDS

INITIATION AU BATTEMENT 7

Technique basse-accord

Une technique de battement avec la main droite qui consiste à jouer en premier lieu la seule note grave d'un accord puis le reste de l'accord.

Méthodes de basse-accord

- Avec un **médiator** : Jouez une corde grave, puis grattez légèrement vers le bas les cordes aiguës.

- Avec le **pouce** : Pincez une seule corde grave avec le pouce, puis grattez légèrement vers le bas les cordes aiguës avec la partie charnue du pouce.

- Avec le **pouce et les doigts** : Pincez une seule corde grave avec le pouce, puis grattez légèrement vers le bas les cordes aiguës avec l'ongle de l'index et du majeur.

Motifs de basse-accord

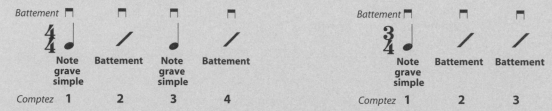

Jouer la bonne corde grave pour chaque accord nécessitera de la pratique. Le tableau ci-dessous montre le numéro de corde grave correspondant à chaque accord que vous connaissez.

Accords :	La7 (A7)	Do (C)	Ré (D) ou Ré7 (D7)	mim (Em)	Sol (G) ou Sol7 (G7)
Corde grave :	5	5	4	6	6

Effectuez les exercices basse-accord suivants dans lesquels le numéro de corde représente chaque note grave et une barre oblique représente le battement ou accord. Une fois que vous vous sentez à l'aise avec ces motifs, appliquez la technique basse-accord avec les chansons « Marianne » (page 40) et « This Train » (page 41).

73. EXERCICE BASSE-ACCORD

Appliquez maintenant la méthode basse-accord avec une mesure en $\frac{3}{4}$ avant de passer à la chanson « De Colores ».

74. EXERCICE BASSE-ACCORD II

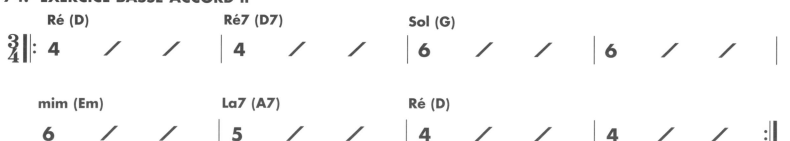

JEU D'ACCORDS

MORCEAU 34

75. DE COLORES *Jouez l'accompagnement avec ce morceau à l'aide du motif ¾ basse-accord. Vous pouvez aussi chanter la mélodie.*

Chanson traditionnelle mexicaine

All——— the col-ors, all the col-ors that bloom in the
De——— co - lo - res, de co - lo - res se vis - ten los

mead - ows are col - ors of spring - time.——
cam - pos en la pri - ma - ve - ra.——

All——— the col - ors, all the col - ors that dance in the
De——— co - lo - res, de co - lo - res son los pa - ja -

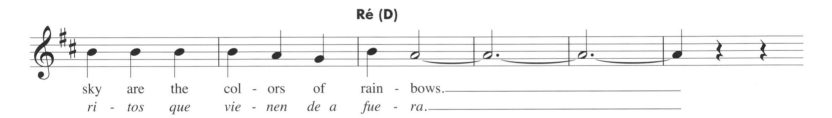

sky are the col - ors of rain - bows.——
ri - tos que vie - nen de a fue - ra.——

All——— the col - ors, all the col - ors of na - ture spring
De——— co - lo - res, de co - lo - res es el ar - co

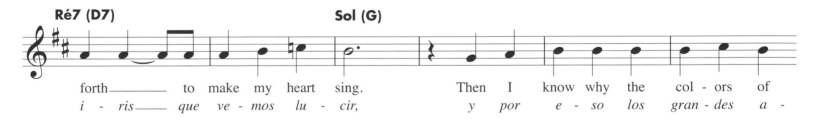

forth——— to make my heart sing. Then I know why the col - ors of
i - ris—— que ve - mos lu - cir, y por e - so los gran - des a -

spring-time are bring - ing me joy and—— a heart full of love.
mo - res de mu - chos co - lo - res—— me gus - tan a mí.

NOTES SUR LA CINQUIÈME CORDE

Ligne supplémentaire

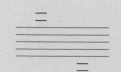

Prolonge la portée. Les notes figurant sur les **lignes supplémentaires** peuvent être au-dessus ou en dessous de la portée.

La (A)
à vide

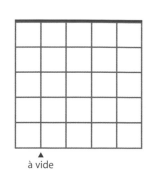

à vide

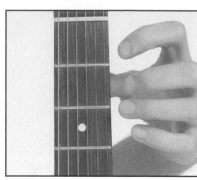

Lignes supplémentaires

La (A)

Si (B)
2ème frette
2ème doigt

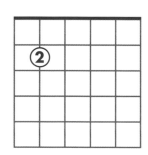

Si (B)

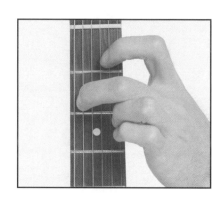

Do (C)
3ème frette
3ème doigt

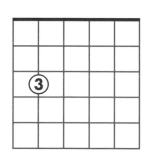

Do (C)

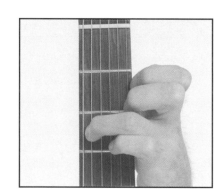

Effectuez les exercices suivants dans lesquels les notes se jouent sur la cinquième corde.

76. ÉCHAUFFEMENT À LA CINQUIÈME CORDE

Maintenez le 2ème doigt appuyé - |

77. BASSE BLUES

La (A)　　　　　　　Ré7 (D7)

La (A)　　　Mi7 (E7)　　　Ré7 (D7)　　　La (A)

JEU DE NOTES INDIVIDUELLES

Entraînez-vous à jouer ces airs connus jusqu'à ce que vous les maîtrisiez. Rappelez-vous d'anticiper les notes suivantes en jouant.

MORCEAU 35

78. JOSHUA (FIT THE BATTLE OF JERICHO)

Spiritual Afro-Américain

MORCEAU 36
79. GREENSLEEVES

Anglais traditionnel

JEU D'ACCORDS

Étudiez le diagramme ci-dessous pour jouer l'accord de mim7 (Em7). Une autre version peut aussi être jouée. Pour apprendre l'autre accord de mim7 (Em7), consultez la tablature d'accords, page 94.

Accord de
mim7
(Em7)

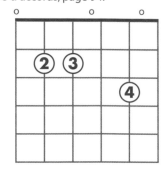

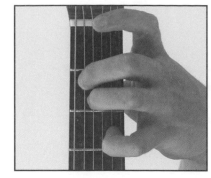

Entraînez-vous à jouer le morceau ci-dessous avec l'accord de mim7 (Em7). Expérimentez également avec différents motifs de battement tels que les battements syncopés (page 30). Cette chanson est amusante à chanter en jouant. Jouez les autres accords de lam (Am) une fois que les aurez appris, page 51.

MORCEAU 37

80. AMERICAN PIE

Don McLean

love with him— 'cause I saw you danc-in' in the gym.— You both kicked off— your
look-ing down,— the jest-er stole his thorn-y crown. The court-room was ad-journed.—

shoes.— Man, I dig those rhy-thm and blues.— I was a lone-ly teen-age—
— No— ver-dict was re - turned.— And while Len - in read a book—

bronc-in' buck— with a pink car-na - tion and a pick-up truck.— But I knew I— was
— on Marx,— a quar-tet prac-ticed in the park.— And we sang dir-ges

out— of luck— the day the mu - sic died. I start-ed sing-in'
— in thedark, the day the mu - sic died.

JEU DE NOTES INDIVIDUELLES

Votre instructeur jouera les accords pendant que vous jouez la mélodie de ce classique de Hank Williams. Une fois que vous êtes capable de jouer la mélodie, essayez de chanter en écoutant le CD.

MORCEAU 38

81. YOUR CHEATIN' HEART

Hank Williams

Couplet

Your cheat-in' heart— will make you weep.— You'll cry and cry,— and try to

sleep.— But sleep won't come— the whole night through;— your cheat-in'

Chevalet

heart— will tell on you.— When tears come down— like fall-in'

rain,— you'll toss a - round— and call my name.— You'll walk the

Refrain

floor— the way I do;— your cheat-in' heart— will tell on you.—

COUP DE PROJECTEUR

Entraînez-vous à jouer les deux parties du duo suivant. Demandez à un camarade de jouer le duo avec vous ou jouez une des parties en écoutant le CD.

MORCEAU 39

82. ALL MY LOVING

John Lennon et Paul McCartney

 Rappelez-vous de vous amuser en pratiquant votre instrument. N'ayez pas peur d'essayer différentes choses : expérimentez, explorez et créez votre propre musique.

JEU D'ACCORDS

La corde grave du nouvel accord de lam (Am) est la corde 5.

Accord de lam (Am)

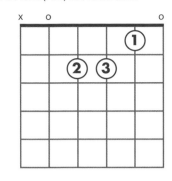

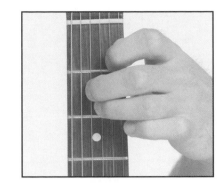

Entraînez-vous à changer d'accords dans les exemples suivants. Jouez lentement et sans interruption de façon à n'avoir aucune hésitation entre les accords.

83. BATTEMENT D'UN ACCORD

84. CHANGEMENTS D'ACCORDS

MORCEAU 40

85. SINNER MAN *Jouez les accords en chantant.*

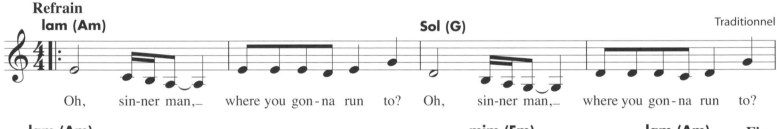

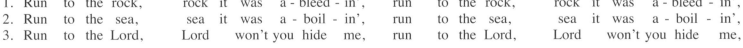

NOTES SUR LA SIXIÈME CORDE

Mi (E)
à vide

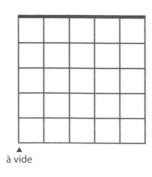

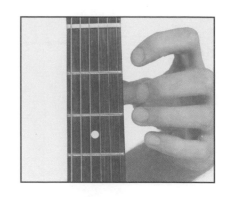

à vide

Fa (F)
1ère frette
1er doigt

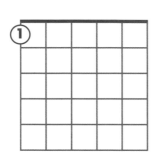

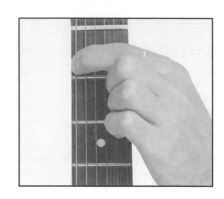

Sol (G)
3ème frette
3ème doigt

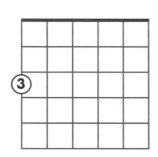

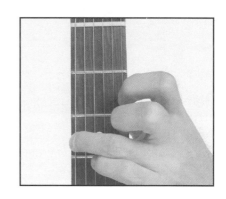

Effectuez les exercices suivants dans lesquels les notes se jouent sur la sixième corde.

86. ÉCHAUFFEMENT À LA SIXIÈME CORDE

Maintenez le 1er doigt appuyé

87. CHANGEMENT DE CORDE

88. LES RUDIMENTS

JEU DE NOTES INDIVIDUELLES

Exécutez ces morceaux dont les notes se jouent des cordes 4 à 6. Pendant que vous jouez, rappelez-vous d'arrondir la main afin de ne pas toucher les autres cordes.

MORCEAU 41

89. DOO-WOP

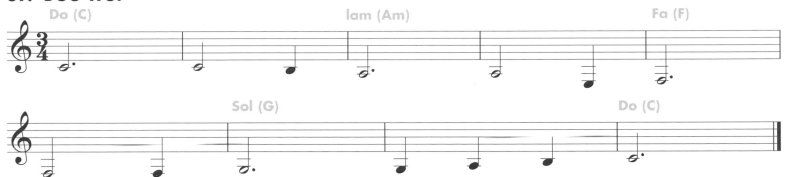

MORCEAU 42

90. GIVE MY REGARDS TO BROADWAY

George M. Cohan

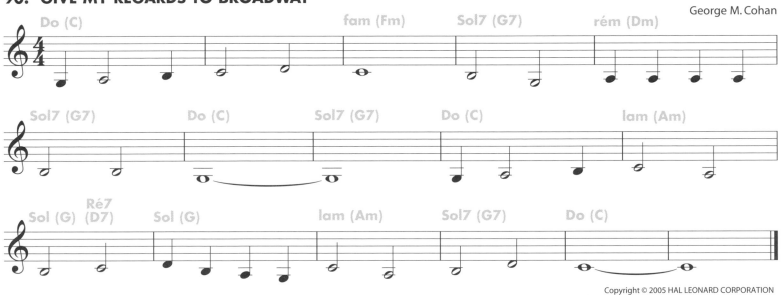

MORCEAU 43

91. ROCK BASSE

JEU D'ACCORDS

L'accord de lam7 (Am7) est une variante de l'accord de lam (Am). Enlevez simplement votre 3ème doigt et au lieu de cela, jouez la troisième corde (Sol [G]) à vide. Veillez à arrondir suffisamment les doigts pour faire résonner la corde 3. Faites aussi attention de ne pas confondre cet accord avec l'accord de La7 (A7). La corde grave de l'accord de lam7 (Am7) est la corde 5.

Accord de lam7 (Am7)

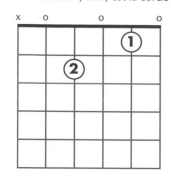

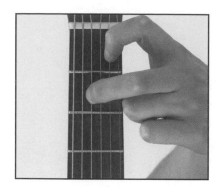

Entraînez-vous à jouer l'accord de lam7 (Am7) en effectuant les exercices suivants. Essayez d'utiliser la technique basse-accord avec ces exercices également.

92. NOUVEAUX SONS

lam (Am)   lam7 (Am7)   Sol (G)   lam (Am)

93. AVENTURE DANS LES ACCORDS

Ré (D)   *cont. motif de battement*   lam7 (Am7)   Sol (G)   Ré (D)

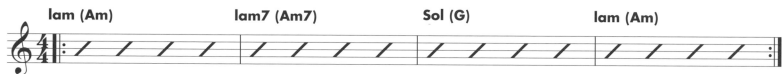

lam7 (Am7)   Sol (G)   Ré (D)

La7 (A7)   Do (C)   Sol (G)

Ré (D)   lam7 (Am7)   Sol (G)   Ré (D)

JEU D'ACCORDS

MORCEAU 44

94. SCARBOROUGH FAIR

Anglais traditionnel

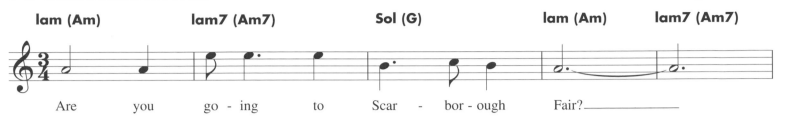

Are you go - ing to Scar - bor - ough Fair?

Par - sley, sage, rose - mar - y and thyme. Re -

mem - ber me to the one who lives there.

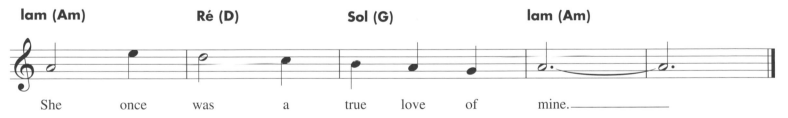

She once was a true love of mine.

La chanson traditionnelle « Scarborough Fair » a été composée il y a des centaines d'années en Angleterre. Au Moyen Âge, les chansons étaient souvent interprétées par des *bardes* ou des *ménestrels* qui allaient de ville en ville pour chanter et raconter des histoires. En se répandant, les paroles et arrangements des chansons évoluaient, engendrant ainsi différentes versions. Ces différentes versions étaient à leur tour transmises de génération en génération par le biais de la *tradition orale*. C'est la raison pour laquelle plusieurs versions de « Scarborough Fair » sont aujourd'hui interprétées par un grand nombre d'artistes différents. La version la plus connue est peut-être celle enregistrée par Simon & Garfunkel en 1966.

HISTOIRE

FINGER-PICKING

Arpège	Un **arpège** est un accord « décomposé » dont les notes sont jouées une par une et successivement plutôt que simultanément.
Finger-picking	Technique d'accompagnement à la guitare très prisée qui consiste à utiliser des arpèges au lieu de battements d'accords. La technique de **finger-picking** tient sa sonorité distinctive du fait que le pouce et les doigts de la main droite ne pincent qu'une seule corde à la fois successivement.

La main droite

Des lettres sont assignées au pouce et aux doigts de la main droite selon le système universellement reconnu de termes et de lettres espagnols :

p = **pulgar** = pouce
i = **indice** = index
m = **medio** = majeur
a = **anular** = annulaire

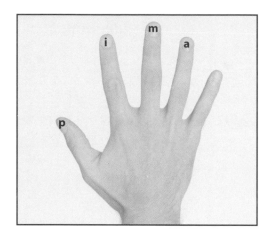

Technique de la main droite

* Le pouce (p) pince les cordes 4, 5 ou 6 selon sur laquelle la note grave de l'accord doit être jouée. Ce mouvement est un coup vers le bas. Utilisez le côté gauche du pouce et de l'ongle.

* Les autres doigts (i, m, a) pincent la corde d'un coup vers le haut avec l'extrémité charnue du doigt et l'ongle.

* L'index (i) pince la corde 3.

* Le majeur (m) pince la corde 2.

* L'annulaire (a) pince la corde 1.

* Le pouce et chaque doigt doivent pincer une seule corde par coup et ne pas effleurer plusieurs cordes (ce qui équivaudrait à un battement). Laissez les cordes résonner pendant toute la durée de l'accord.

Position de la main droite

* Tirez le poignet vers le haut et placez le pouce et les doigts sur leurs cordes respectives.

* Arrondissez la paume de la main comme si vous teniez une balle de ping-pong.

* Gardez le pouce et les doigts détendus et prêts à jouer.

* Laissez vos doigts « faire le travail » au lieu de lever toute la main.

FINGER-PICKING

Dans l'exercice suivant, la portée comprend six lignes représentant chaque corde de la guitare. Entraînez-vous à jouer les motifs de finger-picking indiqués par les lettres p–i–m–a. Rappelez-vous que le pouce (p) pince la note grave de chaque accord. Cette portée de six lignes est similaire à une *tablature,* une notation expliquée plus loin dans ce guide.

95. FINGER-PICKIN' GOOD

Utilisez maintenant le motif p–i–m–a de finger-picking que vous venez d'apprendre en accompagnement du morceau suivant. La portée du finger-picking apparaît sous la première ligne de la partition pour vous aider à voir le lien d'un pincement par temps. Lisez les paroles qui suivent la chanson pour chanter les couplets.

MORCEAU 45

96. WORRIED MAN BLUES

1. Twenty-nine links of chain around my leg, *(3 fois)*
   And on each link an initial of my name.
   Refrain

2. I asked the judge, "What might be my fine?" *(3 fois)*
   « Twenty-one years on the Rocky Mountain Line ».
   Refrain

3. If anyone should ask you « Who made up this song? » *(3 fois)*
   Say, « 'Twas I, and I sing it all night long ».
   Refrain

NOUVELLES NOTES

Pour jouer certaines chansons, il est nécessaire d'apprendre de nouvelles notes ou techniques. Une ou deux nouvelles notes ou techniques supplémentaires suffisent souvent pour exécuter un nouveau morceau. Un exemple est donné sur cette page. Les nouvelles notes La (A) et Si (B) au-dessus de la portée peuvent être jouées avec le quatrième doigt (auriculaire) sur la première corde. Cela demande que vous glissiez la main vers le haut sur la touche de quelques frettes afin que votre auriculaire atteigne les frettes 5 et 7.

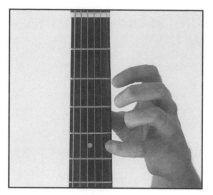

La (A)
5ème frette
4ème doigt

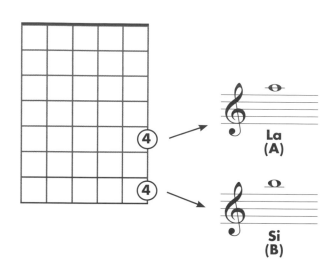

Si (B)
7ème frette
4ème doigt

97. HIGH ATMOSPHERE   *Essayez les nouvelles notes en utilisant ces suggestions de doigtés.*

Les nouvelles notes La (A) et Si (B) au-dessus de la portée peuvent être jouées avec d'autres doigts que le quatrième selon la position de votre main gauche sur la touche. Différentes chansons exigeront différentes positions et différents doigtés (pour d'autres notes également), comme indiqué par l'extrait de la chanson « Danny Boy » ci-dessous. Entraînez-vous à jouer ce nouveau doigté avant de jouer la version intégrale figurant à la page suivante.

98. DAN

THÉORIE

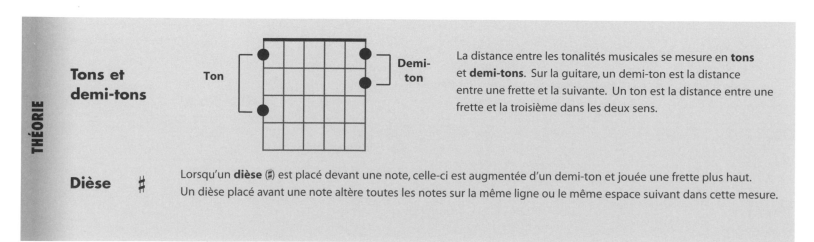

Tons et demi-tons

La distance entre les tonalités musicales se mesure en **tons** et **demi-tons**. Sur la guitare, un demi-ton est la distance entre une frette et la suivante. Un ton est la distance entre une frette et la troisième dans les deux sens.

Dièse   ♯

Lorsqu'un **dièse** (♯) est placé devant une note, celle-ci est augmentée d'un demi-ton et jouée une frette plus haut. Un dièse placé avant une note altère toutes les notes sur la même ligne ou le même espace suivant dans cette mesure.

NOUVELLES NOTES

Voici trois notes Fa# (F#) différentes sur la touche à apprendre et jouer. Montez simplement d'une frette (ou d'un demi-ton) à partir de n'importe quelle note Fa (F) de base que vous connaissez déjà.

Jouez maintenant les deux parties de « Danny Boy » dans lesquelles toutes les nouvelles notes sont utilisées. Jouez-les en duo avec un partenaire ou votre instructeur. Vous pouvez également jouer la progression d'accords comme troisième partie.

MORCEAU 46

100. DANNY BOY

Weatherly/Irlandais traditionnel

COUP DE PROJECTEUR

THÉORIE

Armature

Au lieu d'écrire un signe dièse (#) avant chaque Fa (F) dans une chanson, un dièse est placé au début de la ligne. C'est ce qu'on appelle une **armature**, qui indique que chaque Fa (F) dans la chanson doit être joué en Fa# (F#).

Jouez les chansons suivantes qui comprennent des armatures. Notez que, à titre de rappel, chaque note Fa# (F#) qui apparaît dans les airs figurant sur cette page est indiquée d'une flèche. Une fois que vous parvenez à jouer la mélodie contenant les Fa# (F#), jouez la progression d'accords avec un ami.

MORCEAU 47

101. SHENANDOAH

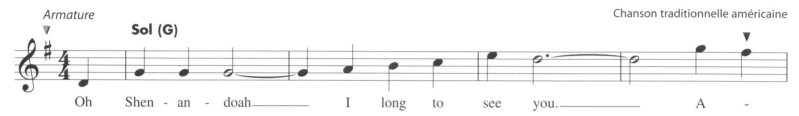

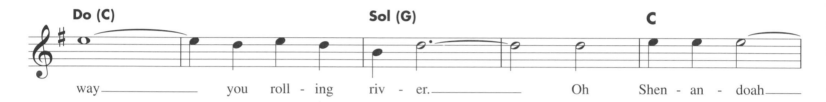

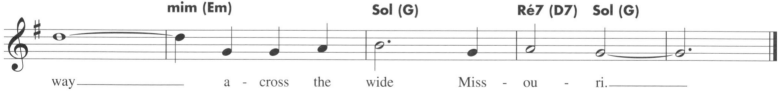

MORCEAU 48

102. SPY RIFF

COUP DE PROJECTEUR

Une fois que vous pouvez jouer les mélodies des deux chansons suivantes, chantez et jouez en battement les morceaux. Puis essayez les techniques de finger-picking et de basse-accord. La corde grave de l'accord de Do (C) est la corde 5.

MORCEAU 49

103. THE RED RIVER VALLEY

Chanson de cowboy américaine

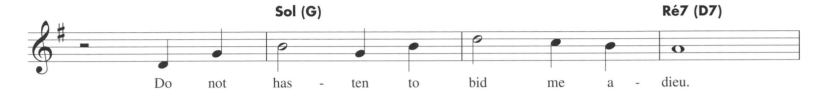

MORCEAU 50

104. CORINNA

Traditionnel

JEU D'ACCORDS

L'accord de La (A) est très similaire à l'accord de La7 (A7) avec l'« espace » (troisième corde) rempli. Arrondissez les doigts de sorte que la première corde ait la même sonorité qu'une corde à vide. La cinquième corde à vide (La [A]) donne la note grave de l'accord de La (A).

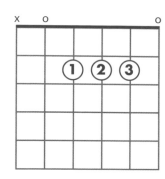

Accord de La (A)

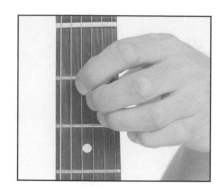

INITIATION AU BATTEMENT 8

Variante du battement alterné

Entraînez-vous à jouer le nouveau motif de battement ci-dessous comme variante du battement alterné.

Conseils et astuces

- Au lieu de jouer le rythme régulier du battement alterné utilisé jusqu'ici, adoptez une approche rythmique irrégulière ou le « galop ».

- Faites durer le coup vers le bas plus longtemps que le coup vers le haut.

- Dites « bump-ty, bump-ty, bump-ty, bump-ty » pendant que vous essayez la variante de battement pour vous aider à sentir le rythme.

- Ce rythme est parfois qualifié de « pointé » car il utilise des notes pointées. Ceci s'assimile à l'effet « shuffle », que nous expliquerons par la suite dans ce guide.

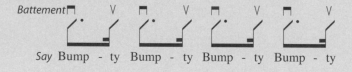

Entraînez-vous à exécuter la nouvelle variante de battement en effectuant l'exercice suivant qui comprend des changements d'accords issus de « Yellow Submarine » avant de jouer effectivement la chanson.

105. HUMPTY BUMPTY

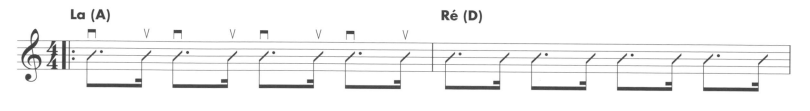

JEU D'ACCORDS

Jouez les accords sur cette chanson en utilisant la nouvelle variante de battement alterné. Puis essayez les techniques basse-accord et finger-picking.

106. YELLOW SUBMARINE

John Lennon et Paul McCartney

JEU D'ACCORDS

Accord de rém (Dm)

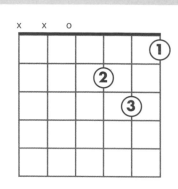

Entraînez-vous à changer d'accord avec rém (Dm) dans l'exercice suivant avant de passer à la chanson suivante. La corde grave de l'accord de rém (Dm) est la corde 4.

107. ENTRAÎNEMENT AUX ACCORDS MINEURS

MORCEAU 51

108. WAYFARING STRANGER
Une fois que vous avez joué les accords, apprenez également la mélodie, puis essayez les techniques basse-accord et finger-picking.

Hymne folklorique américain

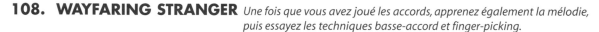

I'm just a poor_____ way-far-ing stran-ger,_____ trav-'ling

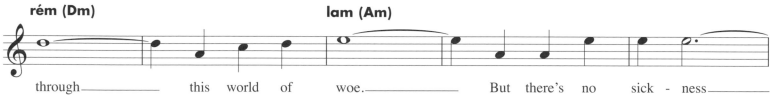

through_____ this world of woe._____ But there's no sick-ness_____

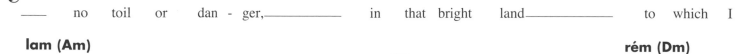

—— no toil or dan-ger,_____ in that bright land_____ to which I

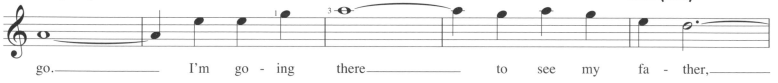

go._____ I'm go-ing there_____ to see my fa-ther,_____

—— I'm go-ing there_____ no more to roam._____ I'm just a go-

-ing o-ver Jor-dan,_____ I'm just a go ——— ing o-ver home._____

JEU DE NOTES INDIVIDUELLES

Croches

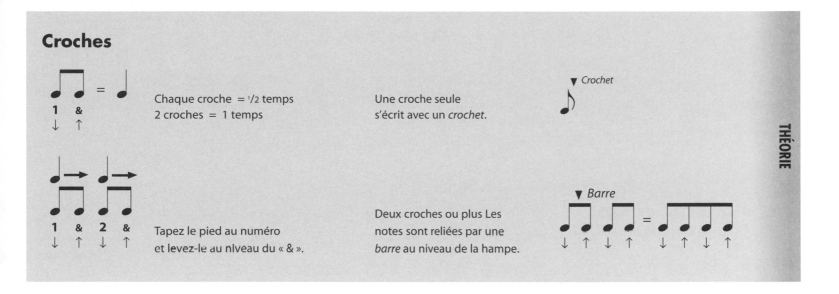

Chaque croche = ½ temps
2 croches = 1 temps

Une croche seule s'écrit avec un *crochet*.

Tapez le pied au numéro et levez-le au niveau du « & ».

Deux croches ou plus Les notes sont reliées par une *barre* au niveau de la hampe.

THÉORIE

Aller-retour

Les croches se jouent avec un coup vers le bas (⊓) du médiator sur le temps et un coup vers le haut (ⱴ) sur le « et ». Il s'agit de la technique d'**aller-retour**, essentiellement identique au battement d'accord alterné, sauf qu'il s'agit ici de pincer une seule note.

Jouez les exercices suivants en appliquant la technique d'aller-retour pour toutes les croches et uniquement des battement alternés pour toutes les noires. Au début, entraînez-vous à jouer lentement et avec constance, puis augmentez progressivement la vitesse.

109. CROCHES

110. MÉLI-MÉLO

COUP DE PROJECTEUR

Familiarisez-vous avec les croches et la technique d'aller-retour sur les chansons suivantes. Une fois que vous vous sentirez à l'aise pour jouer les mélodies, revenez sur les morceaux précédents pour exécuter des accords d'accompagnement en appliquant le finger-picking, les variantes de battement alterné et la technique basse-accord. Suivez la portée de finger-picking sur « Time is on My Side » pour jouer un accompagnement en finger-picking avec un motif $\frac{3}{4}$.

 Alerte La chanson suivante comprend une armature (constituée d'un dièse). Souvenez-vous : cela veut dire que toutes les notes Fa (F) dans la chanson se jouent en Fa# (F#).

MORCEAU 52

111. TIME IS ON MY SIDE

Jerry Ragovoy

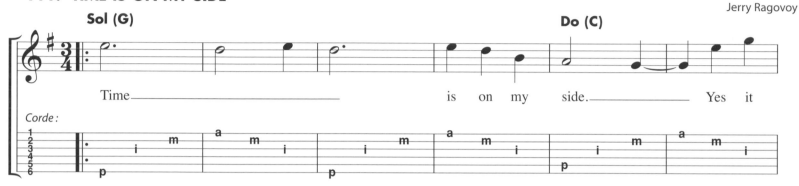

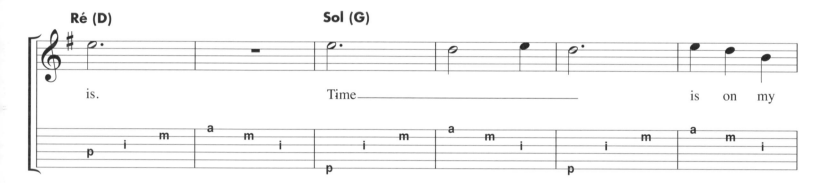

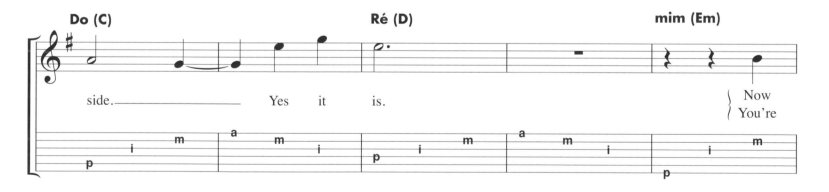

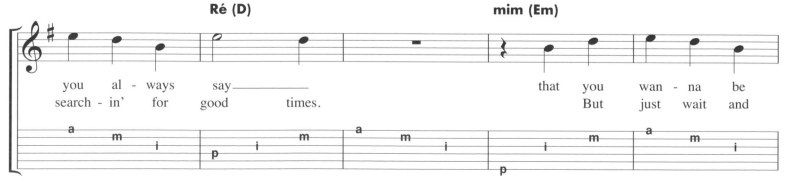

MORCEAU 53

112. STAND BY ME

Jerry Leiber, Mike Stoller et Ben E. King

When the night has come and the land is

dark, and the moon___ is the on - ly light we'll

see. No, I won't be a - fraid, no I___

won't be a - fraid. Just as long___ as you

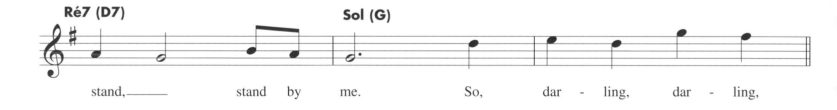

stand,___ stand by me. So, dar - ling, dar - ling,

stand___ by me, oh,___ stand by me. Oh,

stand,___ stand by me, stand by me.___

COUP DE PROJECTEUR

| Octave | Distance entre deux notes de même nom. |

MORCEAU 54

113. SEA SHANTY

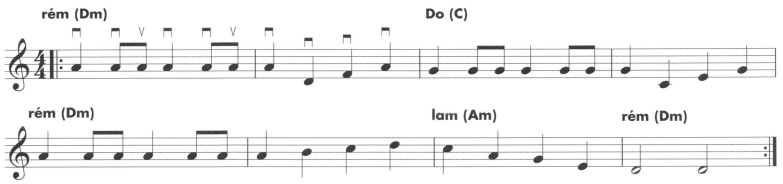

MORCEAU 55

114. FRÈRE JACQUES
Traditionnel

1. Fré - re   Jac - ques,   Fré - re   Jac - ques,   dor - mez   vous?   Dor - mez   vous?
2. Are   you   sleep - ing?   Are   you   sleep - ing?   Broth - er   John,   Broth - er   John.

Son - nez les ma - tin - es,   son - nez les ma - tin - es,   din, din, don;   din, din, don.
Morn - ing bells are ring - ing,   morn - ing bells are ring - ing,   ding, dong, ding;   ding, dong, ding.

MORCEAU 56

115. SNAKE CHARMER
Traditionnel

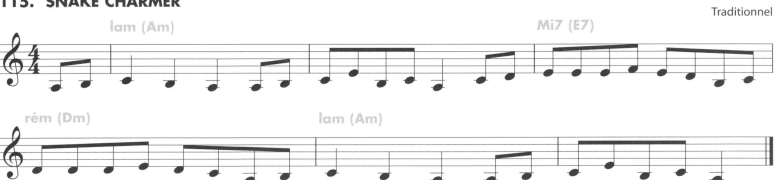

116. RÉVISION DES ÉLÉMENTS ESSENTIELS

Essayez de rejouer « Snake Charmer », cette fois, sur les cordes plus hautes. Commencez une octave plus haut par la note La (A) sur la deuxième frette de la troisième corde et guidez-vous à l'oreille.

JEU D'ACCORDS

L'accord de Mi (E) se joue avec le même placement des doigts que l'accord de lam (Am), sauf que les doigts se déplacent d'une corde vers les cordes 3, 4 et 5. La sixième corde à vide (Mi [E]) est la note grave.

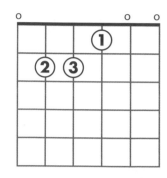

Accord de Mi (E)

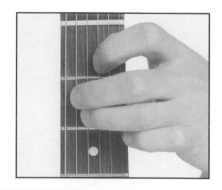

D.S. al Coda

À la notation **D.S. al Coda**, retournez vers le signe 𝄋, puis jouez jusqu'à la notation « Vers Coda ⊕ ». Ensuite, passez à la section **Coda** à la fin de la partition et jouez jusqu'à la fin. **D.S.** est l'abréviation de Dal Segno, qui signifie « à partir du signe » et **Coda** signifie « queue ».

Essayez le nouvel accord de Mi (E) tout en chantant ce classique des Beatles. Surveillez la nouvelle instruction musicale, D.S. al Coda ; établissez une feuille de route musicale visuelle avant de jouer. Utilisez également les techniques basse-accord et finger-picking en accompagnement.

MORCEAU 57

117. HEY JUDE

John Lennon et Paul McCartney

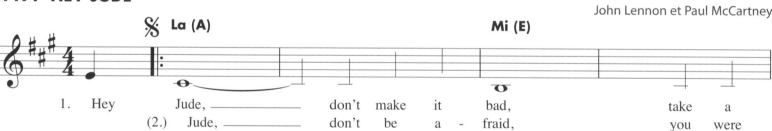

1. Hey Jude, _____ don't make it bad, take a
(2.) Jude, _____ don't be a - fraid, you were

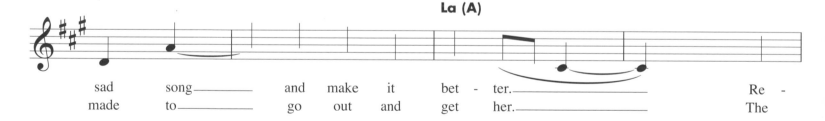

sad song_____ and make it bet - ter._____ Re -
made to_____ go out and get her._____ The

mem - ber to let her in - to your heart, then you can start_____
min - ute you let her un - der your skin, then you be - gin_____

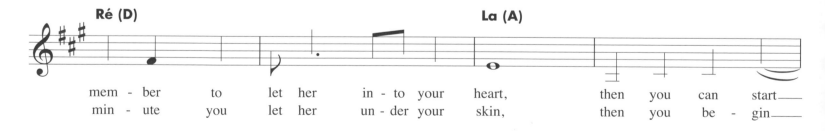

_____ to make it_____ bet - ter._____ 2. Hey
_____ to make it_____ bet - ter._____

FINGER-PICKING

Le morceau suivant, popularisé par Kermit la grenouille, est un excellent tour d'horizon des accords et du finger-picking. Jouez d'abord tout le morceau en appliquant la technique basse-accord (notez l'indication de la mesure en $\frac{3}{4}$) pour vous exercer aux changements d'accords. Puis utilisez le finger-picking. Lisez la première ligne de la partition pour vous aider à suivre la séquence de finger-picking.

118. THE RAINBOW CONNECTION (tiré du film *Les Muppets*)

Paul Williams et Kenneth L. Ascher

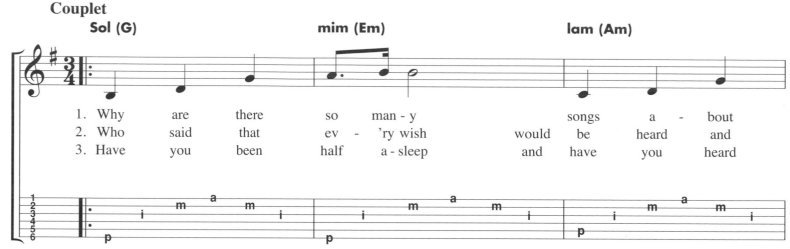

continuez en finger-picking
jusqu'à la fin

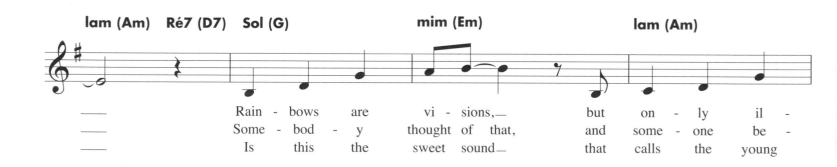

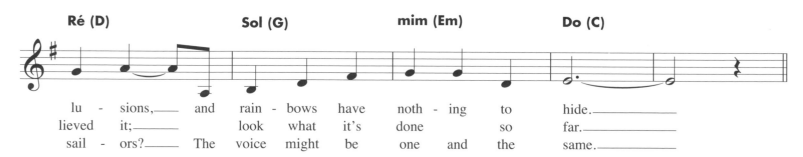

Refrain

Do (C)

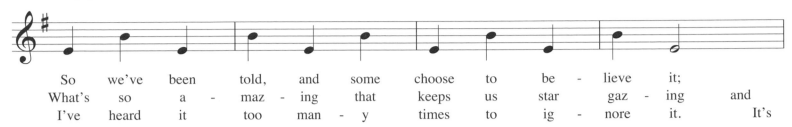

So   we've   been   told,   and   some   choose   to   be - lieve   it;
What's   so   a - maz - ing   that   keeps   us   star   gaz - ing   and
I've   heard   it   too   man - y   times   to   ig - nore   it.   It's

Ré (D)

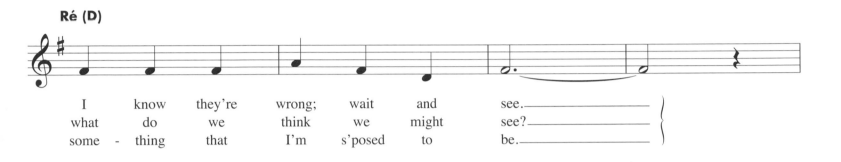

I   know   they're   wrong;   wait   and   see.
what   do   we   think   we   might   see?
some - thing   that   I'm   s'posed   to   be.

lam (Am)   **Do (C)**   **Ré (D)**   **Mi (E)**

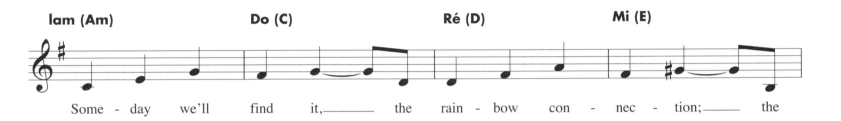

Some - day   we'll   find   it,_____ the   rain - bow   con - nec - tion;_____ the

lam (Am)   **Ré7 (D7)**   **Sol (G)**   **Do (C)**   **Sol (G)**

Jouez 3 fois

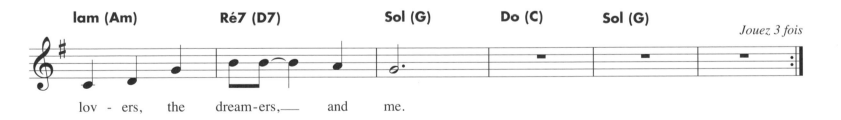

lov - ers,   the   dream-ers,—   and   me.

119. RÉVISION DES ÉLÉMENTS ESSENTIELS *Désignez le numéro de la corde grave de chaque accord.*

Sol (G)	Do (C)	Ré7 (D7)	lam (Am)	mim (Em)	rém (Dm)	La (A)	Mi (E)	lam7 (Am7)
___	___	___	___	___	___	___	___	___

COUP DE PROJECTEUR

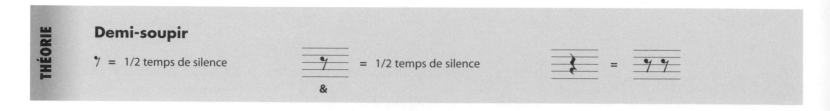

THÉORIE

Demi-soupir

7 = 1/2 temps de silence   7 = 1/2 temps de silence   ⸮ = 7 7

D.S. al Fine

À la notation **D.S. al Fine**, reprenez depuis le signe ⅌ et arrêtez à **Fine** (« fin »). Cette notation est identique à D.C. al Fine que vous avez apprise, sauf que vous reprenez depuis le signe plutôt que depuis le début de la chanson.

Jouez cette chanson du groupe Police, qui contient plusieurs éléments que vous avez appris récemment, notamment les demi-soupirs. Essayez de jouer la mélodie en picking, ainsi qu'en battement, en finger-picking et en chantant.

MORCEAU 58

120. EVERY BREATH YOU TAKE

FINGER-PICKING

La chanson qui suit est connue pour l'accompagnement à la guitare en finger-picking. Jouez d'abord la mélodie, puis exécutez les accords en finger-picking et en chantant. Expérimentez avec différentes séquences de finger-picking.

MORCEAU 59

121. DUST IN THE WIND

Kerry Livgren

JEU D'ACCORDS

Accords de puissance — Les **accords de puissance** sont fréquemment utilisés en musique rock et dans d'autres styles contemporains. La plupart des accords ne sont constituées que de trois notes ou plus ; les accords de puissance n'en ont que deux. Les accords de puissance sont désignés par le suffixe « 5 ».

Accord de Mi5 (E5)

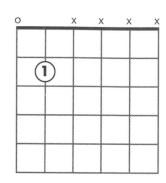

Accord de La (A5)

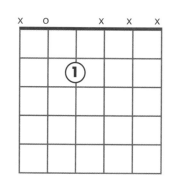

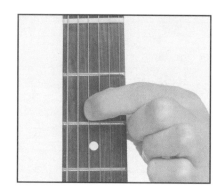

Accord de Ré (D5)

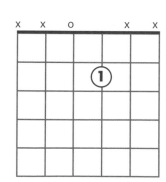

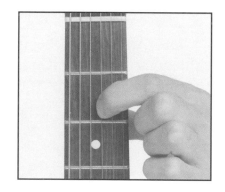

122. ÉCHAUFFEMENT AUX ACCORDS DE PUISSANCE

Mi5 (E5) La5 (A5) Ré5 (D5) Mi5 (E5)

JEU D'ACCORDS

INITIATION AU BATTEMENT 9

Shuffle

Dans les styles de musique traditionnels, comme le blues et le jazz, les croches se jouent de manière inégale. C'est ce qu'on appelle l'effet **shuffle** ou swing.

Jouez la première note deux fois plus longue que la deuxième note.

1 - 2   3
long   court

En jouant les croches de cette façon, vous obtiendrez l'effet shuffle ou swing voulu. Ce concept s'apparente à la variante du battement rythmique « pointé » (page 62).

Tablature

Représentation graphique de la touche de guitare. Chaque ligne horizontale représente une corde et chaque numéro une frette. Une **Tablature** est souvent utilisée avec une partition de guitare pour aider le joueur à voir avec plus de précision où la musique doit être jouée.

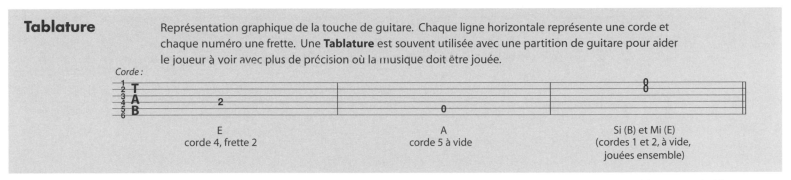

Corde :

E
corde 4, frette 2

A
corde 5 à vide

Si (B) et Mi (E)
(cordes 1 et 2, à vide,
jouées ensemble)

Jouez le morceau ci-dessous avec un effet shuffle. Suivez la tablature d'accompagnement pour jouer les accords de puissance dans un style blues. Notez qu'il y a certaines notes que vous n'avez pas encore apprises et différentes manières de jouer les notes que vous connaissez déjà. Ce motif d'accord de puissance consiste à utiliser le troisième doigt sur la 4ème frette sur les temps 2 et 4, créant ainsi un motif alterné entre l'accord de puissance et les doigtés de la 4ème frette. La tablature vous aidera à voir et à jouer le motif relativement simple de ce shuffle de blues.

MORCEAU 60

123. SHUFFLE D'ACCORD DE PUISSANCE

JEU D'ACCORDS

Blues en 12 mesures
Le blues le plus courant comporte douze *mesures*.

Plusieurs chansons de blues en 12 mesures suivent la progression d'accord dans l'exercice suivant. Appliquez le shuffle d'accord de puissance que vous venez d'apprendre.

MORCEAU 61

124. BLUES EN La (A)

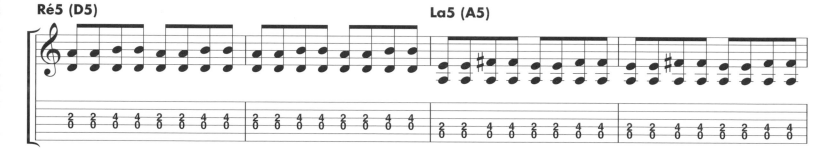

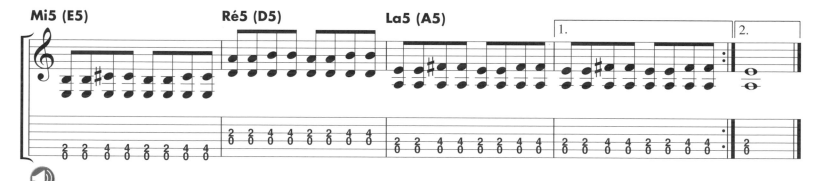

MORCEAU 62

125. C.C. RIDER
Jouez cette chanson de blues en 12 mesures en appliquant le shuffle d'accord de puissance décrit dans l'exercice précédent, tout en chantant, puis essayez avec des accords de base.

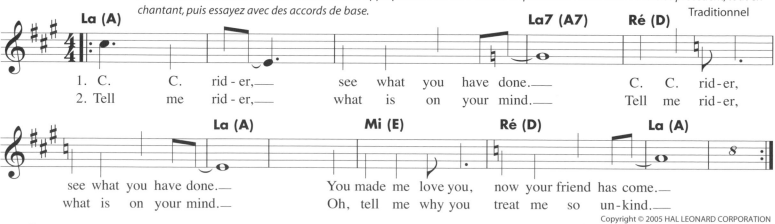

126. CRÉATIVITÉ ESSENTIELLE
Reprenez maintenant la chanson de blues « Sweet Home Chicago » (page 16) avec un effet shuffle. Notez les similitudes entre ce morceau et les autres morceaux de blues que vous venez d'apprendre. Plusieurs formes de musique populaire américaine sont d'une certaine façon apparentées au blues. Dressez une liste aussi longue que possible des chansons qui, selon vous, possèdent cette sonorité blues et parlez-en avec la classe.

COUP DE PROJECTEUR

 Alerte Ce morceau contient des 1ère et 2ème finales (page 36), sauf ici, il s'agit de 1ère à 7ème finales. Répétez simplement la première finale entre crochets six fois, puis terminez par la 7ème finale.

Jouez l'accompagnement sur cette chanson de Hank Williams avec un shuffle d'accord de puissance. En musique, les shuffles sont souvent indiqués par la notation (♫ = ♩♪) au début de la chanson.

MORCEAU 63

127. MOVE IT ON OVER

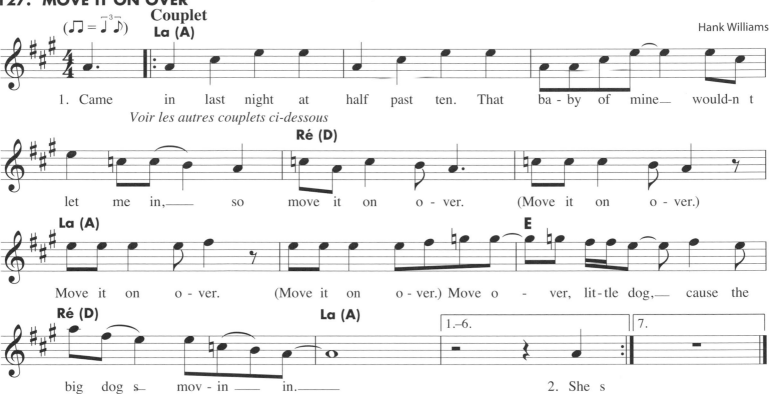

Copyright © 1947 Sony/ATV Songs LLC et Hiriam Music aux États-Unis.
Copyright renouvelé
Tous droits administrés par Rightsong Music Inc. au nom de Hiriam Music
Tous droits en dehors des États-Unis contrôlés par Sony/ATV Songs LLC
Tous droits au nom de Sony/ATV Songs LLC administrés par Sony/ATV Music Publishing, 8 Music Square West, Nashville, TN 37203 (États-Unis)
Copyright international protégé   Tous droits réservés

2. She's changed the lock on our front door
   And my door key don't fit no more.
     So get it on over. (Move it on over.) Scoot it on over. (Move it on over.)
     Move over, skinny dog, 'cause the fat dog's movin' in.

3. This dog house here is mighty small
   But it's better than no house at all.
     So ease it on over. (Move it on over.) Drag it on over. (Move it on over.)
     Move over, skinny dog, 'cause the fat dog's movin' in.

4. She told me not to play around,
   But I done let the deal go down.
     So pack it on over. (Move it on over.) Tote it on over. (Move it on over.)
     Move over, nice dog, 'cause a mad dog's movin' in.

5. She warned me once, she warned me twice,
   But I don't take no one's advice.
     So scratch it on over. (Move it on over.) Shake it on over. (Move it on over.)
     Move over, short dog, 'cause a tall dog's movin' in.

6. She'll crawl back to me on her knees.
   I'll be busy scratchin' fleas.
     So slide it on over. (Move it on over.) Sneak it on over. (Move it on over.)
     Move over, good dog, 'cause a mad dog's movin' in.

7. Remember pup, before you whine,
   That side's yours and this side's mine.
     So shove it on over. (Move it on over.) Sweep it on over. (Move it on over.)
     Move over, cold dog, 'cause a hot dog's movin' in.

COUP DE PROJECTEUR

INITIATION AU BATTEMENT 10

Entraînez-vous à jouer ces nouveaux motifs de battement et utilisez-les avec le morceau suivant.

128. SIMPLE BATTEMENT 1

129. SIMPLE BATTEMENT 2

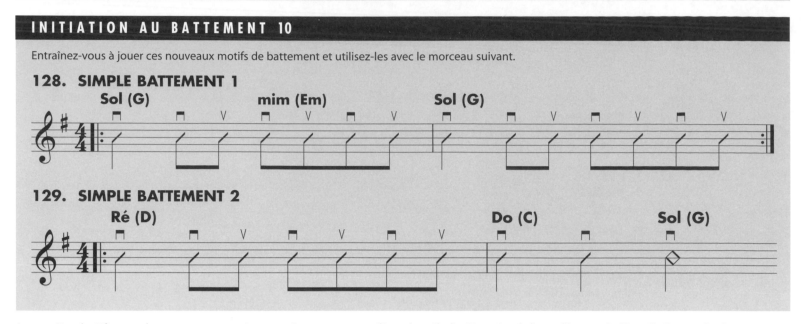

Jouez « Simple Gifts » en duo avec un partenaire ou un instructeur en utilisant la mélodie (Gtre 1) et la ligne d'harmonie (Gtre 2). Demandez à une troisième personne de jouer l'accord d'accompagnement (en utilisant les motifs de battement ci-dessus) afin de jouer en trio.

MORCEAU 64

130. SIMPLE GIFTS

Hymne traditionnel Shaker

NOUVELLES NOTES

Do#
(C#)
2ème frette
2ème doigt

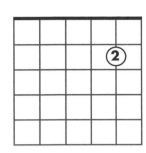

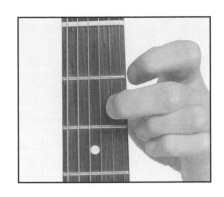

Le morceau suivant est un excellent exercice rythmique. Les notes sont moins nombreuses et plutôt faciles (y compris la nouvelle note Do# (C#), mais les rythmes peuvent être un peu compliqués. Le secret pour bien jouer cette chanson consiste à compter scrupuleusement les silences. Revoyez le demi-soupir (page 74) et la syncope (page 30) pour vous aider à comprendre ces rythmes. Avant de jouer la chanson, battez la mesure en tapant dans les mains jusqu'au bout.

MORCEAU 65

131. LOW RIDER

Sylvester Allen, Harold R. Brown, Morris Dickerson, Jerry Goldstein,
Leroy Jordan, Lee Oskar, Charles W. Miller et Howard Scott

Couplet
La7 (A7)

1. All my friends know the Low Rid - er. The
2. Low Rid - er drives a lit - tle slow - er.
3. Low Rid - er knows ev - 'ry street, yeah.
4. Low Rid - er don't use no gas, now.

Low Rid - er is a lit - tle high - er.
Low Rid - er. He's a real go - er.
Low Rid - er is the one to meet, yeah.
Low Rid - er don't drive too fast.

Interlude
Do# (C#)

Take a lit - tle trip,

Vers Coda   **D.C. al Coda**   **Coda**
(reprise)

take a lit - tle trip, take a lit - tle trip and see._____
(with me.)

JEU D'ACCORDS

Si7 (B7) est votre premier accord à quatre doigts. Notez que le placement des doigts sur les cordes 3 à 5 est le même que pour les cordes 1 à 3 de l'accord de Ré7 (D7), en plaçant en plus l'auriculaire sur la première corde, 2ème frette. Mémorisez bien cette forme d'accord de Ré7 (D7) car cela vous aidera à apprendre rapidement l'accord de Si7 (B7). La corde grave de l'accord de Si7 (B7) est la cinquième corde.

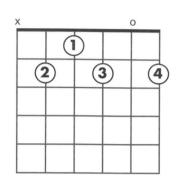

Accord de Si7 (B7)

Essayez l'accord de Si7 (B7) avec le morceau de Woody Guthrie ci-dessous. Lorsque vous passez de Mi (E) à Si7 (B7), maintenez votre 2ème doigt appuyé. Utilisez le motif basse-accord en $\frac{3}{4}$ ou la technique de finger-picking p-i-m-a-m-i que vous avez apprise avec « Time is on My Side » (page 66).

132. RAMBLIN' ROUND

Woodie Guthrie, Huddie Ledbetter et John Lomax

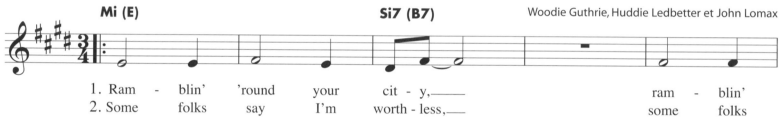

1. Ram - blin' 'round your cit - y,____ ram - blin'
2. Some folks say I'm worth - less,____ some folks

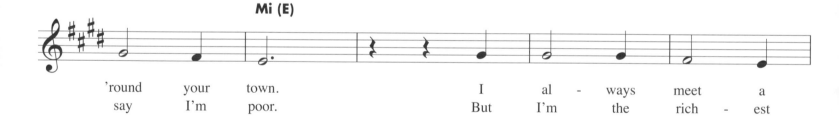

'round your town. I al - ways meet a
say I'm poor. But I'm the rich - est

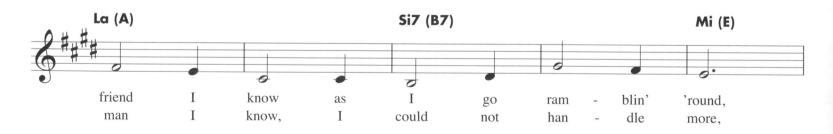

friend I know as I go ram - blin' 'round,
man I know, I could not han - dle more,

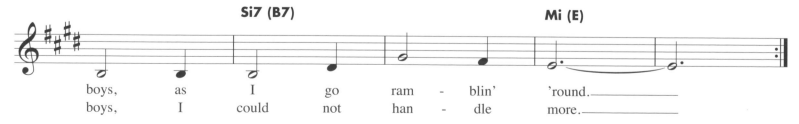

boys, as I go ram - blin' 'round.____
boys, I could not han - dle more.____

JEU D'ACCORDS

Il y a deux façons de jouer l'accord de Mi7 (E7) : soit en soustrayant, soit en ajoutant à l'accord de Mi (E) que vous connaissez déjà.
La version à quatre doigts est préférable avec la technique finger-picking. La corde grave de l'accord de Mi7 (E7) est la sixième corde.

Accord de Mi7 (E7)

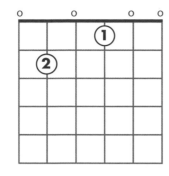

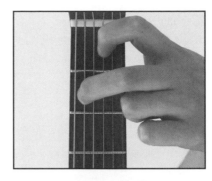

Accord de Mi7 (E7)

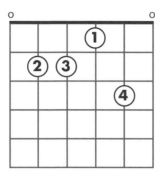

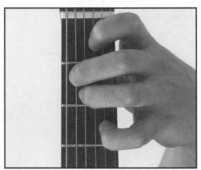

La chanson suivante est un morceau de blues en 12 mesures qui utilise les accords de Mi7 (E7) et de Si7 (B7). Jouez avec un effet shuffle.

MORCEAU 66

133. GOOD MORNIN' BLUES

Huddie Ledbetter et Alan Lomax

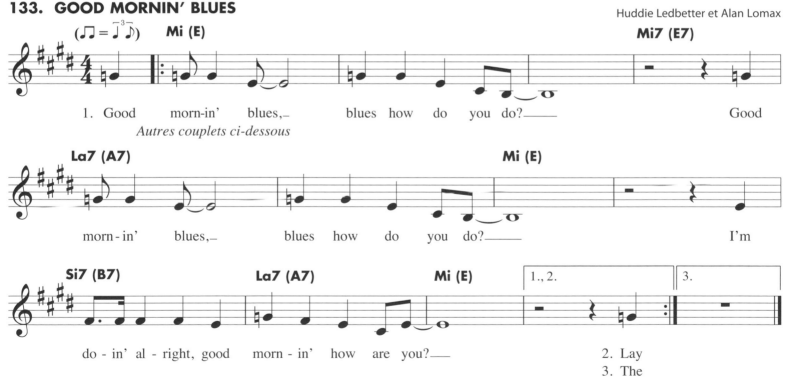

TRO - © Copyright 1959 (renouvelé) Folkways Music Publishers, Inc., New York, NY
Copyright international protégé
Tous droits réservés y compris les droits de représentation en public à but lucratif
Utilisé sur autorisation

2. Lay down last night, tryin' to take my rest,
Lay down last night, tryin' to take my rest,
My mind kept ramblin' like the wild geese in the west.

3. The sun gonna shine on my back door some day,
The sun gonna shine on my back door some day,
The wind gonna rise up and blow my blues away.

COUP DE PROJECTEUR

HISTOIRE

Jean-Sébastien Bach (1685–1750), le célèbre compositeur et organiste allemand, a composé plus d'un millier de morceaux classiques. Il était issu d'une famille de musiciens et plusieurs de ses fils sont devenus à leur tour d'illustres compositeurs et musiciens. Bach lui-même n'a acquis la notoriété qu'après sa mort et nous a légué un incroyable héritage musical dont l'empreinte reste marquée des centaines d'années plus tard.

Apprenez chaque partie du morceau de Bach suivant et jouez-le avec un partenaire ou votre instructeur. Jouez l'accord d'accompagnement ainsi que le motif basse-accord en $\frac{3}{4}$. Vous pouvez également exécuter l'accompagnement avec la technique de finger-picking p - $\overset{a}{\underset{i}{m}}$ - $\overset{a}{\underset{i}{m}}$ (pincez avec les trois doigts d'un seul tenant sur les temps 2 et 3).

MORCEAU 67

134. MENUET EN SOL

J. S. Bach

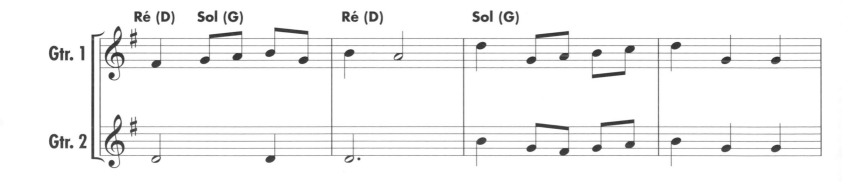

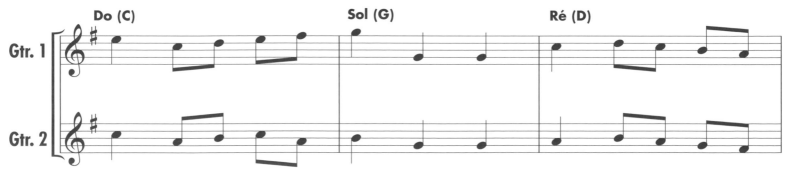

COUP DE PROJECTEUR

HISTOIRE

Plus connu sous le nom de « Leadbelly », **Huddie Ledbetter** (1885–1949) était considéré comme le « Roi de la guitare à 12 cordes ». « Goodnight Irene », « Rock Island Line » et « Cotton Fields » figurent parmi les chansons les plus connues de son répertoire.

MORCEAU 68

135. MIDNIGHT SPECIAL *Chantez et jouez en battement cette chanson de prison avec un effet shuffle.*

Chanson de prison

136. CRÉATIVITÉ ESSENTIELLE

Jouez de nouveau « Midnight Special » en appliquant un shuffle d'accord de puissance (pages 77 et 78). Puis essayez de jouer les accords de puissance avec un rythme de croches régulier.

HISTOIRE

Les **guitares à 12 cordes** sont des variantes des guitares standard à 6 cordes. Elles possèdent les mêmes cordes que les guitares à 6 cordes, sauf que chaque corde est doublée, produisant ainsi un son amplifié. Les quatre cordes inférieures sont doublées de cordes d'une octave plus haut, tandis que les deux cordes supérieures sont doublées de cordes de la même octave.

COUP DE PROJECTEUR

Entraînez-vous à jouer les deux parties du duo suivant. Vous pouvez jouer la partie Gtre 1 en solo, ou les parties Gtre 1 et 2 en duo avec un partenaire ou votre instructeur. Enregistrez-vous pendant que vous jouez l'accord d'accompagnement ou l'une des parties écrites, puis exécutez le duo avec l'enregistrement.

MORCEAU 69

137. RONDEAU

Jean-Joseph Mouret

JEU D'ACCORDS

Barré

Certains accords de guitare doivent être joués en **barré**, c'est-à-dire en plaçant un doigt perpendiculairement sur plusieurs cordes. Vous devez alors pincer plusieurs cordes avec un doigt en appuyant avec le côté du doigt au lieu de l'extrémité.

Contrairement aux autres accords que vous avez joués, l'accord de Fa (F) nécessite d'appuyer sur deux cordes avec un doigt. L'index barre les cordes 1 et 2. Vous trouverez plus facile de tourner légèrement le doigt de façon à appuyer sur les cordes de l'extérieur plutôt que d'utiliser la face intérieure et plate du 1er doigt. Le barré est indiqué par une ligne courbe dans le diagramme d'accords ci-dessous. La note grave de l'accord de Fa (F) se trouve sur la quatrième corde.

Accord de Fa (F)

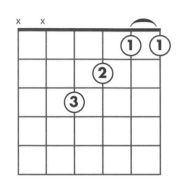

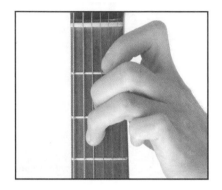

Jouez la chanson qui suit, contenant l'accord de Fa (F), en finger-picking et en battement. Jouez également la mélodie une fois que vous aurez appris les accords.

MORCEAU 70

138. VIVE LE VENT

J. Pierpont

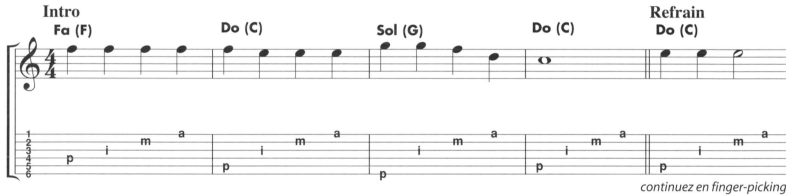

continuez en finger-picking
jusqu'à la fin

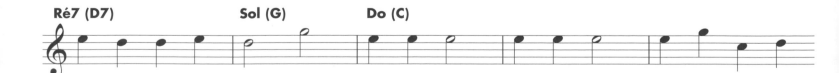

Couplet

Refrain

139. RÉVISION DES ÉLÉMENTS ESSENTIELS

Nommez les notes ci-dessous. Nommez également les accords figurant sur la deuxième ligne.

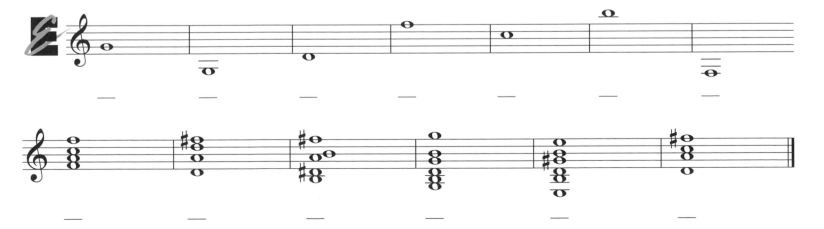

COUP DE PROJECTEUR

Point d'orgue Un **point d'orgue** (⌢) est un symbole utilisé pour indiquer un silence (ou une pause) dans une partition. La durée de tenue de la note ou du silence est habituellement déterminée par l'instrumentiste (ou le chef d'orchestre). Le point d'orgue apparaît au-dessus de la note ou du silence concerné.

MORCEAU 71

140. THE STAR SPANGLED BANNER *Jouez la mélodie et les accords sur l'hymne national américain.*

Francis Scott Key et John Stafford Smith

COUP DE PROJECTEUR

HISTOIRE

La chanson de rock de 1964 « You Really Got Me » des **Kinks** a été reprise par **Van Halen** en 1978. Le célèbre guitariste du groupe, Eddie Van Halen, a créé une nouvelle technique de guitare appelée *finger tapping*, qui consiste à utiliser les deux mains simultanément sur la touche. Cette captivante technique est démontrée dans la chanson « You Really Got Me », et en particulier dans le solo de guitare « Eruption », qui figurent sur l'album éponyme de Van Halen sorti en 1978.

MORCEAU 72

141. YOU REALLY GOT ME *Jouez la mélodie de ce grand classique du rock.*

Ray Davies

AUTRES MÉTHODES D'ACCORDAGE

Accordeurs électroniques

Un accordeur électronique « lit » la hauteur tonale d'un son et indique si celle-ci est correcte ou non. Cette méthode peut vous aider à accorder avec précision votre guitare jusqu'à ce que votre oreille s'habitue à entendre les hauteurs tonales.

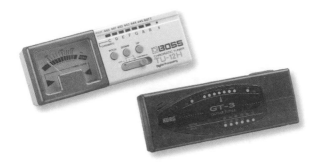

Clavier

Si vous avez accès à un piano ou à un clavier, jouez la touche de référence (voir diagramme) et faites tourner lentement la mécanique correspondante jusqu'à ce que la sonorité de la corde corresponde à celle du clavier.

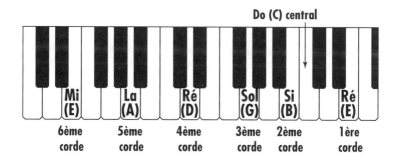

Accordage relatif

Pour vérifier ou corriger l'accordage lorsqu'aucune source de hauteur tonale n'est disponible, vous pouvez faire appel à la méthode d'accordage relatif qui consiste à accorder les cordes les unes par rapport aux autres. Procédez comme suit :

• Supposons que la sixième corde soit correctement accordée sur Mi (E).

• Appuyez sur la sixième corde à la 5ème frette. Il s'agit de la hauteur de référence sur laquelle accorder la cinquième corde à vide. Jouez la sixième corde appuyée et la cinquième corde avec le pouce. Votre guitare est accordée dès que les deux sons correspondent.

• Appuyez sur la cinquième corde à la 5ème frette et accordez la quatrième corde à vide sur celle-ci. Suivez la même procédure que pour les cinquième et sixième cordes.

• Appuyez sur la quatrième corde à la 5ème frette et accordez la troisième corde à vide sur celle-ci.

• Pour accorder la deuxième corde, appuyez sur la troisième corde à la 4ème frette et accordez la deuxième corde à vide sur celle-ci.

• Appuyez sur la deuxième corde à la 5ème frette et accordez la première corde sur celle-ci.

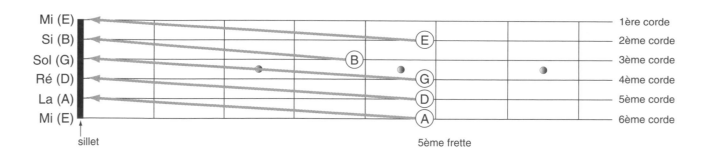

INDEX DE RÉFÉRENCE

Définitions (pg.)

DIAGRAMME D'ACCORDS

Entretien de l'instrument

Voici quelques conseils élémentaires pour maintenir votre instrument en bon état :

- Essuyez les cordes avec un chiffon sec après chaque utilisation de votre instrument ; vous augmenterez ainsi leur durée de vie.

- Ne laissez jamais votre guitare dans un véhicule ou à l'extérieur pendant une durée prolongée ; les températures extrêmes peuvent sérieusement endommager votre instrument.

- Rangez votre instrument dans un environnement à température ambiante.

- Si votre guitare est froide après avoir été transportée à l'extérieur, laissez-la dans son étui dans un environnement à température ambiante avant de jouer.

Do (C)
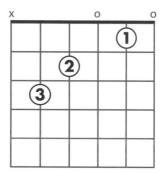

Sol7 (G7)
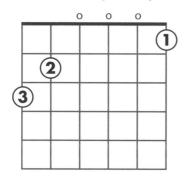

Sol (G)
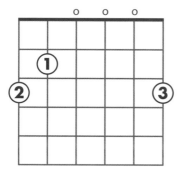

Ré7 (D7)
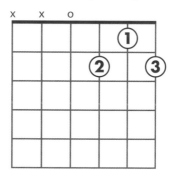

mim (Em)
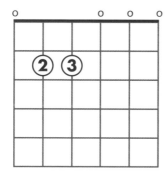

Ré (D)
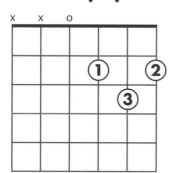

La7 (A7)
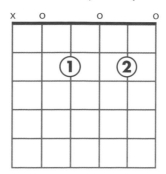

mim7 (Em7)
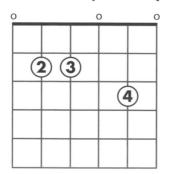

mim7 (Em7)
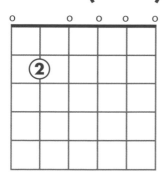

lam (Am)

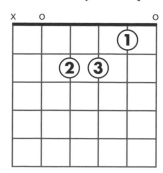

lam7 (Am7)

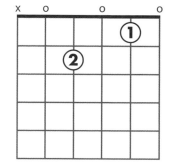

La (A)

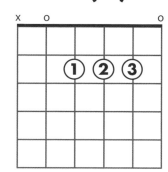

rém (Dm)

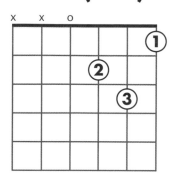

Mi (E)

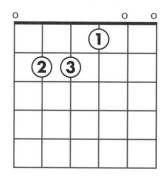

Mi5 (E5)

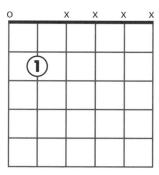

La5 (A5)

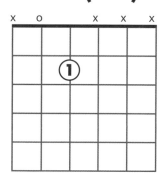

Ré5 (D5)

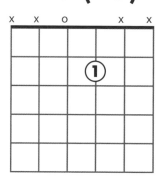

Si7 (B7)

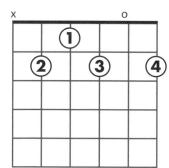

Mi7 (E7)

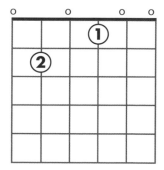

Mi7 (E7)

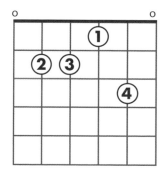

Fa (F)

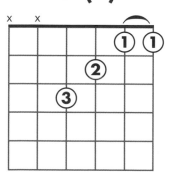

REGISTRE DU TEMPS DE TRAVAIL

Semaine	Date	Tâche/Exercices	Lun	Mar	Mer	Jeu	Ven	Sam	Dim	Total	Initiales parent
1											
2											
3											
4											
5											
6											
7											
8											
9											
10											
11											
12											
13											
14											
15											
16											
17											
18											
19											
20											
21											
22											
23											
24											
25											
26											
27											
28											
29											
30											
31											
32											
33											
34											
35											
36											